Jorge Bucay

Das Buch der Weisheit

Wege zum Wissen

Aus dem Spanischen
von Lisa Grüneisen

FISCHER TaschenBibliothek

Erschienen bei FISCHER Taschenbuch
Frankfurt am Main, September 2024

Die spanische Originalausgabe erschien 2003 unter dem Titel
»Shimriti. De la ignorancia a la sabiduria«

The translation follows the edition by
Editorial Sudamericana S. A., Buenos Aires 2003
Published by arrangement with UnderCover Literaray Agents

Die Illustration auf Seite 170 von N. Andry gehört zu einer
Abhandlung über Orthopädie aus dem 13. Jahrhundert

Umschlaggestaltung: Andreas Heilmann und
Gundula Hissmann, Hamburg
Umschlagabbildung: Marcelino Truong
Satz: Fotosatz Amann, Memmingen
Druck und Bindung: CPI books GmbH, Leck
ISBN 978-3-596-52354-2

All denen, die suchen …

und suchen …

und suchen …

Vorwort

Jahrelang verschob ich immer wieder meine Pläne, über das Glück zu schreiben. 2002 erschien schließlich die Serie *Hojas de Ruta* (*Wegweiser*), in der ich versuchte, eine Karte der Wege zu zeichnen, die ich für unerlässlich halte, um sich selbst zu verwirklichen, das heißt, um ein glückliches Leben führen zu können. Das Glück, so schrieb ich im letzten der *Wege*, besteht nicht darin, in einem Zustand ständiger Glückseligkeit zu leben, sondern in dem Gefühl innerer Gelassenheit, das sich einstellt, wenn wir die Gewissheit haben, uns auf dem Weg zu befinden, für den wir uns entschieden haben.

Als ich das Manuskript zu *Glücklich sein. Wege zu einem erfüllten Leben* ablieferte, empfand ich etwas, das ich zuletzt achtzehn Jahre zuvor empfunden hatte, als ich noch einmal die Texte überarbeitete, aus denen dann meine erste Buchpublikation wurde, *Cartas para Claudia (Briefe an Claudia)*: das Gefühl des »das war's«, das Bewusstsein, dass alles geschrieben war, was zu schreiben war.

1984 allerdings war es das – durchaus angenehme – Gefühl gewesen, alles zu Papier gebracht zu haben, was ich zum damaligen Zeitpunkt wusste; verbunden mit der Erleichterung, eine Arbeit zu Ende gebracht zu haben, die mir ursprünglich nicht zu bewältigen schien. Diesmal hingegen hatte ich das Gefühl, keine Ideen mehr zu haben. Schließlich konnte man sich nur noch wiederholen, wenn man vom letzten Weg sprach.

Mittlerweile ist mehr als ein Jahr vergangen, seit ich mein letztes Buch abgegeben habe. Und ich habe in dieser Ruhephase, die auf eine getane Arbeit folgt, einiges gelernt. Zum einen, dass Schreiben keine harte Arbeit ist, sondern vielmehr Vergnügen und innere Notwendigkeit; tatsächlich fühlt es sich für mich seltsam an, wenn ich mir nicht die Zeit nehme, meine Gedanken zu Papier zu bringen oder im Computer festzuhalten. Zum anderen sagen mir die Menschen, die ich liebe, meine Freunde, meine Familie, meine Leser, meine wenigen Patienten, dass ich doch weiterschreiben solle. Sie bitten mich darum und beteuern, dass ihnen das Gelesene helfe.

Vielleicht aus diesen beiden Gründen – aber sicher nicht nur deswegen – bin ich zu dem Schluss gekommen, dass das Glück – das höchste Ziel eines jeden Menschen – zwar tatsächlich der Gipfel des Berges ist, aber nicht zwangsläufig das Ende des Weges bedeuten muss.

In diesen Monaten bin ich auf eine Sufi-Weisheit gestoßen:

Erleuchtung heißt, den Gipfel des Berges zu erreichen und von dort immer höhere Höhen zu erklimmen.

Immer weiter nach oben steigen.

Man müsste in der Lage sein, etwas zu sehen, das nicht alle sehen, um nach dem Gipfel noch höhere Höhen zu erklimmen.

Man müsste weise sein, um erleuchtet zu werden.

Oder man müsste erleuchtet werden, um zu einem Weisen zu werden …

Und ich erkannte, dass es noch einen weiteren Weg gab, dessen Karte ich noch nicht gezeichnet hatte. Einen Weg, der auf keiner Karte auftaucht, weil er nicht zwingend ist, sondern lediglich eine Möglichkeit. Nicht mehr und nicht weniger.

Und ich freute mich, als ich merkte, dass es weitergeht, auch nachdem man den Gipfel erreicht hat.

Ein neues Projekt ging mir durch den Kopf und bahnte sich seinen Weg auf den Bildschirm meines PCs: eine Studie über die Weisheit. Ich wollte herausfinden, ob dieser neue Weg allen offensteht, die ihn gehen wollen, oder lediglich einigen wenigen Auserwählten: den Klugen und Gelehrten, den Geistesarbeitern, Mystikern, Philosophen, Hochbegabten …

Ich wollte die Geschichte einer imaginären Reise schreiben. Einer Reise weg von der Unwissenheit, die bei uns allen am Anfang steht, hin zur Weisheit, die wir niemals erreichen werden, auch wenn wir ihr mit jedem Tag näher kommen. Die Protagonistin dieser Reisenotizen ist eine Frau, die in meinem Kopf zuerst Marta hieß, dann María und zwischendurch Marie, um schließlich zu Shimriti zu werden. So heißt nun die Frau, die sich auf den Weg zu höherer Weisheit macht und uns auf ihre Reise mitnimmt, so wie es ihr Meister mit ihr tat.

Ihr Name ist nicht zufällig gewählt, sondern setzt sich aus zwei Sanskrit-Wörtern zusammen: »Shruti« und »Smriti«.[1]

---

1 Fast alle überlieferten Erzählungen hinduistischer Weisheit beginnen mit dem aus dem Sanskrit stammenden Wort »Shruti«, das sich mit »Dies vernahm ich« oder »Dies hörten wir« übersetzen ließe. In Indien ist die Summe dieses »Gehörten« die Gesamtheit aller Lehren, die der Tradition zufolge in den Anfängen von den Göttern überliefert wurde und von da an mündlich weitergegeben wurde bis in unsere Zeit. Für den Hindu handelt es sich um Weisheiten, die zusammen mit den »Smritis« oder traditionellen Schriften die Veda bilden. »Smriti« bedeutet in Sanskrit soviel wie »Daran erinnere ich mich« oder genauer »Dies bewahrte ich«.

Die Idee, diese beiden Wörter zusammenzuziehen, soll versinnbildlichen, dass das, was du hier liest, nichts Neues ist. Es wurde von den Weisen erzählt, gesungen und gehört und in den heiligen Büchern nahezu aller östlichen und westlichen Kulturen niedergeschrieben, gelesen und bewahrt.

Shimriti verweist auf unsere einzige Aufgabe: uns auf der Suche nach uns selbst, die Worte anderer zu eigen zu machen, denn sich selbst zu finden, ist die größte Weisheit von allen.

Vorbemerkung des Autors

Die Richtung, welche die Philosophie in unserer Kultur eingeschlagen hat, sollte uns nicht vergessen lassen, dass diese sechshundert Jahre vor Christus im antiken Griechenland ihren Ausgang nahm,[2] nicht nur als ein Wissen um die Grundlagen unserer Wirklichkeit, sondern auch als Lebenskunst, als ein Weg, in Harmonie zu leben und zu einem erfüllten Sein zu finden.

In dieser Philosophie gab es keine Trennung von Theorie und Praxis, von Wissen und Wandel. Die antiken Philosophen wussten, dass ein klarer, wacher Geist die Quelle innerer Befreiung und tiefer Veränderung ist und sich aus der täglichen Verpflichtung zum inneren Wachstum nährt.

Die feste Überzeugung, dass die Weisheit und das Leben untrennbar miteinander verbunden sind, machte aus der Philosophie das therapeutische Wis-

---

2 Wie wir später sehen werden, entwickelten sich zur selben Zeit auch an anderen Orten Philosophien und Denkweisen, etwa in Indien, China oder dem Heiligen Land.

sen par excellence und ein Mittel zur Heilung und Befreiung bei seelischem Leiden. Die genaue Kenntnis der Realität und unserer selbst war der Weg, auf dem der Mensch wirklich zum Menschen werden konnte. In diesem Kontext wurde das Leiden in all seinen Formen letztendlich als unerwünschte Folge der Unwissenheit verstanden.

Der Weise war also das Abbild eines glücklichen Menschen und ein Vorbild an innerer Fülle, Ausdruck des menschlichen Potentials.

Wenn in diesem Buch von Weisheit die Rede ist, meine ich damit stets diese Vorstellung von Wissen, die untrennbar mit der täglichen Erfahrung verbunden ist, eher erlebbar als rational begreifbar, eher anregend als erklärend. Es geht mir nicht um die Anhäufung von Wissen, sondern darum, Zugang zu einem neuen Bewusstseinszustand zu finden und **mit jedem Tag ein wenig weiser zu werden**.

Die Philosophie erweckt den Anschein einer Welt, die ausschließlich gelehrten Spezialisten vorbehalten ist, während wir Laien nur mühsam Zugang zu ihr finden.

Die **Weisheit**, verstanden als Wahrheit und vor allem die Suche nach ihr stehen und standen stets allen offen (falls du das noch nicht wusstest); denn die Wahrheit ist kein Privileg für Fachleute oder Kenner, sondern allen zugänglich, die aufrichtig, ausdauernd und ernsthaft nach ihr suchen.

Die Wahrheit war nie Eigentum irgendeines Gelehrten oder irgendeiner Wissenschaft. Niemand kann sie für sich beanspruchen.

In den letzten Jahrzehnten hat die humanistische Psychologie das wissenschaftliche Feld bestellt, auf dem es am ehesten gelungen ist, sich dieser von der Philosophie vernachlässigten Fragen wieder anzunehmen.

Diese Disziplin, auch »dritte Kraft« oder »dritte Schule« der Psychotherapie genannt – der auch ich angehöre – hat sich als deutliche Alternative zur positivistischen Psychologie und der klassischen Psychoanalyse etabliert.

Diese »Wachablösung« hat nicht zufällig stattgefunden; vielmehr hat die humanistische Psychologie viel mit der althergebrachten Philosophie gemein.

Unsere Arbeitsmethode besteht im Prinzip darin, auf »Rezepte« und »Techniken mit sofortiger Wirkung« zu verzichten, weil wir wissen, dass sie auf lange Sicht nicht funktionieren. Wir sind vielmehr davon überzeugt, dass Erfüllung und wahre Veränderung nur durch die gründliche Kenntnis der eigenen Persönlichkeit erreicht werden können. Und diese basiert auf dem Wissen um den Platz, den jeder Einzelne in der Welt einnimmt.

Humanistische Therapeuten glauben, dass eine psychotherapeutische Praxis, die uns nicht zu mehr Verständnis, Bewusstsein und Kongruenz führt, sehr begrenzt und auf Dauer wirkungslos ist. Mit anderen Worten: Wir sind der Ansicht, dass ein enger Zusammenhang zwischen der genauen Kenntnis der Realität (unserem Wissen), der Wahrnehmung (unserem Fühlen und unserer Vorstellungskraft) und der Entwicklung von Potentialen (unserem Denken und Handeln) besteht.

Wir wollen unsere Patienten, Klienten oder Schüler (wie auch immer man sie nennen will) nicht nach ihrem Gesundheits- oder Krankheitszustand beurteilen, sondern als Personen, die Schwierigkeiten, Fehleinstellungen und Konflikte mitbringen, wie sie auf dem Weg eines jeden Menschen zur vollständigen Selbstverwirklichung nur natürlich sind.

Von Anfang an hat dieses psychotherapeutische Modell sein Augenmerk auf die Weisheit aller Epochen, die *Philosophia perennis*, und in meinem Fall ganz besonders auf die Verbindung von östlicher und westlicher Gedankenwelt gerichtet, die in den jahrtausendealten Geschichten ihren Ausdruck finden.

Dieses Buch ist eine Möglichkeit, meine Sicht auf diese Zusammenhänge zu teilen, es ist eine Einladung, dieser Weisheit nachzugehen, die in unserer Kultur weitgehend exklusiven Kreisen vorbehalten bleibt.

Wege zum Wissen richtet sich an all jene, die sich schon immer »ein wenig mit Philosophie beschäftigen« wollten, weil sie glaubten, es könne ihnen weiterhelfen, und die sich enttäuscht, ernüchtert oder ausgeschlossen fühlten, wenn sie versuchten, sich diesem Wissen zu nähern. Aber Vorsicht: Es will keine erschöpfenden Antworten geben, sondern dazu ermutigen weiterzusuchen.

Wege zum Wissen versucht, eine Einstellung zu verdeutlichen, die im Widerspruch zu all jenen Denkweisen, ideologischen Gruppierungen oder pseudoreligiösen Bewegungen steht, die das Monopol auf spirituelles Wissen für sich beanspruchen oder behaupten, den Weg zur inneren Freiheit für sich gepachtet zu haben.

Von Anfang an geht es mir darum, die grundsätzliche Einstellung deutlich zu machen, die meine, aber auch die vieler anderer ist, die wie ich nichts mit all diesen gelehrten Dilettanten und Kopfarbeitern anfangen können, die sich zu ausschließlichen Hütern der Weisheit und des Glücks aufschwingen.

Jorge Bucay

Einleitung

Am 23. Mai 1998 jährte sich der Abschluss meines Medizinstudiums an der Universität von Buenos Aires zum fünfundzwanzigsten Mal. Meine langjährige Erfahrung als Therapeut und Patient halfen mir zu begreifen, dass eine enge Verbindung zwischen der **Philosophie** besteht, wie sie ursprünglich angelegt war, der **Psychotherapie**, wie ich sie verstehe, und der **ewigen Weisheit**, von der Aldous Huxley spricht[3]. Alle drei, so finde ich, beschäftigen sich in erster Linie mit der Freiheit des Individuums, dem Weg zu einem erfüllten Leben und der Erkenntnis der letzten Wahrheiten und bieten sich deshalb besonders an, etwas über das Leben zu lernen.

Dennoch finde ich in den Konzepten, die unsere Gesellschaft jedem dieser Bereiche zuordnet, allerhand Irrwege, Schwierigkeiten und Widersprüche, die mir täglich begegnen.

---

3 Aldous Huxley, *Die ewige Weisheit*, 1946.

Was die **Psychologie** betrifft, so zeigt schon der Umstand, dass es mehr als vierhundertfünzig verschiedene psychotherapeutische Schulen gibt, dass es keine einheitliche Wissenschaft des menschlichen Verhaltens und seiner Methodologie gibt. Ich persönlich misstraue den Hauruck-Methoden, die entwickelt wurden, um rasche Resultate zu erzielen. Nicht, weil ich sie für nutzlos hielte, sondern weil sie uns nur dabei helfen können, erfolgreich oder effizient zu sein, wohl kaum aber, ein glücklicheres Leben zu führen. Andererseits stehe ich auch solchen Therapien skeptisch gegenüber, die eine mechanistische Herangehensweise bevorzugen. Zu oft fordern sie, dass wir unser ganzes Leben darauf ausrichten, die Gründe für unsere Leiden und den tieferen Ursprung unserer Neurosen zu finden, und versprechen im Gegenzug, dass uns das mit unserem Schmerz versöhnen wird. Ich verstehe psychologische Hilfe vor allem als einen Prozess, der im Grunde darauf beruht, einem Menschen die Mittel an die Hand zu geben, damit er besser leben, sich besser kennenlernen und vorausschauender sein kann, mit dem einzigen Ziel, dass dieses Sich-Bewusst-Werden ihm dabei hilft, nicht so oft in eine Falle zu tappen.

Die **Philosophie** wiederum erscheint uns oft als ein im wesentlichen enzyklopädistisches, hermetisches und spekulatives Wissen, das mit seiner Schwester im Geiste, der Weisheit, nur noch etymologisch verbunden ist (»Philosophie« geht auf das Griechische *philos* und *sophos* zurück, »Liebe zur Weisheit«). Mit anderen Worten: Sie ist zu einer selbstreferentiellen Beschäftigung mit dem gelehrten, auf Bildung beruhenden Wissen geworden, das fast unbemerkt den Platz seiner Schwester eingenommen hat. Nur wenig hat diese Wissenschaft von dem bewahrt, was sie ursprünglich einmal war: eine Schule par excellence, die den Menschen lehrte zu leben.

Weisheit assoziieren wir meist sofort mit dieser Art von abstraktem Wissen. Wenn wir dieses Wort hören, denken wir automatisch an introvertierte, ernsthafte Denker, die sich in der Stille staubiger, düsterer Bibliotheken vergraben, während sich auf der anderen Seite des Fensters die wunderbaren Freuden des Lebens ereignen.

Doch auch wenn unsere Zivilisation das nicht wahrhaben will, in Wirklichkeit ist Weisheit dort zu finden, wo sich Wissen, Erfahrung, persönliche Veränderung und innere Befreiung vereinen.

Der Mensch zündet sich in der Nacht ein Licht an, ganz von sich aus.
Heraklit

Ein umfassendes Wissen erklärt die Realität nicht, sondern macht Teilhabe an ihr erfahrbar. Es erbringt den Beweis, dass ein erfülltes Leben nur dann möglich ist, wenn wir begreifen, wer wir sind, nachdem wir in den Ursprüngen unserer Identität aufgegangen sind.

Es gibt kein wahres Wissen ohne Erkenntnis.

Es gibt keine Erkenntnis ohne eine gründliche Veränderung der inneren Sichtweise.

Es gibt keine zuverlässige Sichtweise ohne eine verbindliche Wahrheit.

Und es gibt keine größere Wahrheit als jene, die wir in uns selbst finden.[4]

Wenn es diese Verbindung zum eigenen Leben nicht gibt, ist alles Wissen nutzlos und verkehrt sich in ein bloßes Argument, um Missstände zu rechtfertigen und vorläufige Antworten auf Fragen zu finden, für die die Menschheit noch keine Lösung gefunden hat. Vielleicht ist diese fehlende Bindung an das eigene Leben der Grund dafür, dass die antike Weisheit heute fast keine Bedeutung mehr für den Menschen hat.

---

4 In Gurdjieffs Worten: »Um wirklich zu leben, muss man wiedergeboren werden. Um wiedergeboren zu werden, muss man zunächst sterben. Und um zu sterben, muss man zunächst erwachen.«

So mancher, der sie sich dennoch zu erschließen hoffte, landete im sterilen Labyrinth spekulativen Denkens oder in den Fängen einer zweifelhaften Religion. Und so haftete der Weisheit irgendwann zu Unrecht eine Aura des Geheimbündlerischen oder Esoterischen an.

Andere suchten und suchen ihre Antworten in der Wissenschaft und ihrer engsten Verbündeten, der Technologie. Eine Verbindung, die heute zur dominierenden Kraft in der modernen westlichen Welt geworden ist und die, so Stanislav Grof, Mitbegründer der transpersonalen Psychologie, als Sinnbild für Fortschritt und Entwicklung gesehen wird, so dass alles Vergangene als eine Zeit infantiler Unreife begriffen wird. Eine Auffassung, die nur allzu häufig auf jede Kultur, die sich von unserer unterscheidet, angewendet wird und Einstellungen wie diese zur Folge hat: »**Wir** sind die kultivierten, fortschrittlichen, reifen Menschen; alle anderen sind unwissend und zurückgeblieben …«

In einem Zug sitzen sich ein berühmter, international anerkannter Biologe und ein fast analphabetischer Bauer aus der Gegend gegenüber. Der Erste in einem tadellosen, dunkelgrauen Anzug, der andere in einer zerschlissenen, aber sauberen Leinenhose. Der Wissenschaftler sitzt inmitten von Bücherstapeln, der Bauer hat lediglich ein kleines Kleiderbündel dabei.

»Wollen Sie all diese Bücher auf der Fahrt lesen?«, fragt der Bauer.

»Nein, aber ich verreise niemals ohne sie«, antwortet der Biologe.

»Und wann lesen Sie sie?«

»Ich habe sie bereits gelesen ... Mehr als einmal.«

»Und Sie wissen nicht mehr, was drinsteht?«

»Doch, in diesen und vielen anderen mehr ...«

»Unglaublich ... Und um was geht es in diesen Büchern?«

»Um Tiere ...«

»Was für ein Segen für Ihre Nachbarn! Haben einen Tierarzt gleich nebenan ...«

»Ich bin kein Tierarzt. Ich bin Biologe.«

»Aha ... Und wozu ist Ihr ganzes Wissen gut, wenn Sie keine Tiere heilen?«

»Es geht darum, immer mehr zu wissen ... Mehr zu wissen als alle anderen.«

»Und wozu?«

»Schau ... Ich erkläre es dir. Das macht die Reise gleichzeitig ein bisschen produktiver. Angenommen, du und ich schlössen eine Wette ab. Angenommen, für jede Frage über Tiere, die ich dir stelle und auf die du keine Antwort weißt, gibst du mir, sagen wir mal, einen Peso. Und angenommen, für jede Frage, die du mir stellst und die ich nicht beantworten kann, gebe ich dir hundert Pesos ... Durch mein Wissen würde sich die Waage zu meinen Gunsten neigen und am

Ende der Reise hätte ich ein bisschen Geld dazugewonnen.«

Der Bauer denkt und denkt, während er mit den Fingern imaginäre Zahlen abzählt. Schließlich fragt er:

»Sind Sie sicher?«

»Völlig sicher«, antwortet der Biologe.

Der Bauer greift in seine Hosentasche und vergewissert sich, ob er eine Peso-Münze dabeihat (Er wettet nie, wenn er seine Wettschuld nicht begleichen kann).

»Ich zuerst?«, fragt er dann.

»Nur zu«, ermuntert ihn der Biologe selbstsicher.

»Über Tiere?«

»Über Tiere.«

»Mal sehen … Was ist das für ein Tier? Es hat Federn, legt keine Eier, wird mit zwei Köpfen geboren, ernährt sich ausschließlich von grünen Blättern und stirbt, wenn man ihm den Schwanz abschneidet?«

»Wie bitte?«, fragt der Biologe.

»Wie heißt das Tier, das Federn hat, keine Eier legt, mit zwei Köpfen geboren wird, grüne Blätter frisst und stirbt, wenn man ihm den Schwanz abschneidet?«

Der Wissenschaftler ist verdutzt und bittet um ein wenig Bedenkzeit. Dann sucht er in seinem Gedächtnis nach der richtigen Antwort. Die Minuten vergehen. Schließlich fragt er:

»Darf ich meine Bücher benutzen?«

»Natürlich!«, antwortet der Bauer.

Der Wissenschaftler breitet mehrere Bände auf dem Sitz aus, blättert in den Inhaltsverzeichnissen, betrachtet die Illustrationen, nimmt ein Blatt Papier und macht sich Notizen. Dann wuchtet er einen großen Koffer von der Gepäckablage und nimmt drei dicke, schwere Wälzer heraus, die er nun ebenfalls konsultiert.

Ein, zwei Stunden vergehen. Der Biologe blättert und blättert, schaut und murmelt vor sich hin, während er seltsame Zeichen in sein Notizheft kritzelt.

Schließlich kommt die Durchsage, dass der Zug nun in den Zielbahnhof einfahre. Der Biologe sucht schneller, er schwitzt und atmet schwer, aber er hat keinen Erfolg. Als der Zug langsamer wird, greift der Biologe in seine Hosentasche, nimmt einen nagelneuen Hundert-Peso-Schein heraus und reicht ihn dem Bauern mit den Worten:

»Sie haben gewonnen. Nehmen Sie.«

Der Bauer steht auf, nimmt den Schein, betrachtet ihn zufrieden und steckt ihn ein.

»Vielen Dank«, sagt er. Damit nimmt er sein Bündel und wendet sich zum Gehen.

»Warten Sie, warten Sie!«, hält ihn der Biologe zurück. »Wie heißt denn nun dieses Tier?«

»Ach so … Das weiß ich auch nicht«, antwortet der Bauer. Er nimmt die Ein-Peso-Münze aus der

Tasche und reicht sie dem Wissenschaftler mit den Worten:

»Hier, ein Peso. Es war mir ein Vergnügen, Sie kennenzulernen.«

Und endlich gibt es jene unter uns, die mit diesen Wegen unzufrieden sind und auf anderen Pfaden nach der Wahrheit suchen, weit weg vom Allgemeingültigen und wissenschaftlich Korrekten und weit weg von gesellschaftlich anerkannten Bahnen. Die nur an ihre eigene Erfahrung und eine offenere Suche gebunden sind und deshalb als schwer zu verstehende Sonderlinge, wenn nicht gar als gefährliche Außenseiter betrachtet werden.

Eine Bestandsaufnahme

Die positivistische Wissenschaft der westlichen Welt hat probate Mittel gefunden, um die offensichtlichsten Leiden zu heilen – Krankheiten, Armut, Hunger … Sie hat jedoch nur wenig dazu beigetragen, zu innerer Selbstverwirklichung und wahrer emotionaler Zufriedenheit zu finden. Der größere finanzielle Wohlstand geht mit einem erschreckenden Anstieg psychischer Erkrankungen, Alkoholismus, Selbsttötungen, Verbrechen und Gewalt einher.

In der östlichen Welt hat der Mensch zur selben

Zeit eine reiche Skala an emotionalen und spirituellen Techniken entwickelt, um die eigene Verbindung mit dem Metaphysischen zu erkennen und zu leben und sich von existentiellen Zweifeln und Leid zu befreien. Dies hat einigen wenigen Auserwählten innere Befreiung gebracht, es jedoch weder vermocht, die drängenden praktischen Probleme des alltäglichen Lebens zu lösen, noch die Lebensumstände der meisten Menschen zu verbessern.[5]

Hier wie dort neigen wir dazu, die vorherrschenden Paradigmen keinesfalls in Frage zu stellen. Denn geltende Theorien werden fälschlicherweise als glaubwürdige, umfassende Beschreibung der Wirklichkeit verstanden. Von den Wissenschaftlern aller Breitengrade, die mit ihrer »richtigen« Vorstellung von der Wirklichkeit »verheiratet« sind, wird diese irrige Auffassung vertreten und weitergegeben.

Nehmen wir ein Beispiel:

Uns westlichen Menschen erscheint die Welt als eine stabile Struktur, eine Anordnung von Atomen, die per definitionem unteilbar sind. Selbst wenn wir nicht wissen, wer Isaac Newton war, leben wir alle in

---

5 Um nur eine offizielle Zahl anzuführen: 75 % der Weltbevölkerung verdienen nicht genügend, um zu essen, sich zu kleiden und ein Dach über dem Kopf zu haben.

einer Welt, die nach unveränderlichen physikalischen und chemischen Gesetzen funktioniert, in einem dreidimensionalen Raum, während die Zeit gleichförmig von der Vergangenheit durch die Gegenwart in Richtung Zukunft fließt. So gesehen, erscheint uns unsere Umgebung als eine gigantische Maschine, die von einer vorhersehbaren Abfolge aus Ursache und Wirkung bestimmt wird.

Nach dieser Weltanschauung erscheint es logisch, dass wir, wenn wir alle Faktoren in der Gegenwart gesetzmäßig bestimmen können, auch jede Situation in der Vergangenheit rekonstruieren beziehungsweise jedes Ereignis in der Zukunft vorhersagen können.

Dieser Unsinn lässt sich natürlich nicht beweisen. Zwar lehrt die Wissenschaft uns die Komplexität des Universums, gleichzeitig bleibt sie uns den praktischen Beweis schuldig. Dennoch liegt hier eine der Grundlagen jeder westlichen Wissenschaft. Anders gesagt: Etwas wissenschaftlich nicht zu Beweisendes ist der gültige Maßstab für das, was der westlichen Wissenschaft als »beweisbar« erscheint (?).

Es gibt nicht wenige psychologische Schulen (so die Psychokybernetik und einige fundamentalistische Ausrichtungen des orthodoxen Behaviorismus), die genau wie verschiedene Fachbereiche der Medizin (die oft unter dem Begriff »Neurowissenschaften« zusammengefasst werden) die Ansicht vertreten, dass sämtliche mentalen Prozesse, Gefühle und Intuition, angepasstes und pathologisches Denken, nichts anderes sind als physische Reaktionen auf vorherige Reizkombinationen, die von den Sinnen aufgenommen und im Gehirn verarbeitet werden.[6] Jegliche Erinnerung, so erklären sie uns, beruhe auf einem mechanischen Träger (den Zellen des zentralen Nervensystems) und einem physikalisch-chemischen Übermittlungscode (den Neurotransmittern). Gestützt auf diese Theorien und auf Ergebnisse, die diese »untermauern«, kann die positivistische Wissenschaft selbst Phänomene wie die menschliche Intelligenz, Kreativität, Kunst, Religion, Ethik und natürlich psychische Erkrankungen erklären. Der Theorie nach handelt es sich dabei um Nebenprodukte zerebraler Prozesse im Wechsel von Ursache und Wirkung, Aktion und Reaktion, Reiz und Reizerwiderung, Input und Output …

Mit Theorie und Wirklichkeit verhält es sich genauso wie mit der Landkarte und dem darauf dargestellten

6 »Nihil est in intellectu quod non prius fuerit in sensu« (Nichts ist im Verstande, was nicht vorher in den Sinnen war) John Locke.

Gelände.[7] Beides gleichzusetzen bedeutet einen Verstoß gegen wissenschaftliches Denken; es ist ein tiefgreifender Irrtum, den die Wissenschaft selbst als »logische Klassifizierung« oder »Reduktionismus« bezeichnet.

Stanislav Grof sagt:

Die Wahrscheinlichkeit, dass sich die menschliche Intelligenz aus dem Schlamm der Ursuppe auf ihr derzeitiges Niveau einzig und allein durch die Abfolge zufälliger mechanischer Prozesse erhoben hat, ist mit der Wahrscheinlichkeit zu vergleichen, dass sich durch einen Wirbelsturm über einem gigantischen Schrottplatz zufällig ein Jumbo-Jet zusammenfügt.

Und Gregory Bateson:

Wenn man den Fehler begeht, die eigene Vorstellung von der Welt mit der Welt selbst gleichzusetzen, wird man irgendwann die Speisekarte statt der Mahlzeit essen.

Aber bis die Menschheit zu dieser Einsicht gelangt ist, muss jeder, der mit kontroversen Erkenntnissen aufwartet, darauf vorbereitet sein, von der etablierten Gesellschaftsordnung und den vertrauenswürdi-

---

7 Im Sinne von Alfred Korzybski.

gen Institutionen als unfähig bezeichnet und bezichtigt zu werden, mit seinen Unwahrheiten Chaos zu verursachen, wenn man ihm nicht sogar unterstellt, psychisch krank zu sein.[8]

Und es sind nicht wenige Stimmen, die zweifeln …

In den letzten Jahrzehnten wurde das Primat der mechanistischen Wissenschaft ernstlich in Frage gestellt, als Fritjof Capra[9] und andere begannen, uns mit der Quantenphysik vertraut zu machen, deren Grundlagen alles in Frage stellen, was die Wissenschaft bislang als gegeben voraussetzte. Das zentrale Dogma, der Mythos von der unzerstörbaren Materie, zerfiel unter dem Paukenschlag der theoretischen und experimentellen Beweise, die belegten, dass die Grundlage der Materie … nichts ist. Schwarze Löcher!

Aber es gibt keinen Grund zur Verzweiflung. Wahre Weisheit ist unzerstörbar, sie kommt immer wieder zum Vorschein, unabhängig von staatlichen, gesellschaftlichen oder akademischen Legitimationen. Da kommt jemand, der intuitiv und aus vollster Überzeugung, mit Ironie und Intelligenz Diskussionen

---

8 Man denke an den beschämenden historischen Fall von Galileo.

9 In: »Das Tao der Physik«, O. W. Barth 1977.

anstößt, sich Gehör verschafft und uns dazu bringt, dass wir uns auf die zeitlose Wahrheit der Conditio Humana einlassen.

Vielleicht ist die Zeit gekommen, westliches und östliches Denken endgültig miteinander zu versöhnen, ihre Vorteile zu vereinen und ihre Unvollkommenheiten außen vor zu lassen.

Die vielen Seiten einer Medaille

Eine Tomate kann ein Gemüse sein, ein Lebensmittel, ein Samen, eine Ware, ein Briefbeschwerer oder ein Wurfgeschoss. All diese Definitionen sind korrekt, auch wenn sie nur Teilaspekte darstellen. Sie alle sind richtig unter einer Bedingung: dass ihnen kein ausschließendes »lediglich ein …« vorausgeht.

Auch der Mensch hat, wie alles andere, mehr als nur ein Gesicht und ist zugleich die Summe aus ihnen allen.

In seinem revolutionären Buch *Das schöpferische Universum* vertritt der britische Biologe und Biochemiker Rupert Sheldrake die Theorie, dass sich die klassische Wissenschaft nur mit dem quantitativen Aspekt der menschlichen Reaktion auf äußere Reize zu befassen scheint; wir sprechen in diesem Fall von

»adaptivem Verhalten«. Dabei, so Sheldrake, vergesse sie aber die qualitativen Aspekte der jeweiligen Reaktion des einzelnen Individuums.

Sheldrake ist der Ansicht, dass lebende Organismen keine biologischen Maschinen sind und sich das Leben deswegen nicht auf chemische Reaktionen reduzieren lässt:

»Es ist unstrittig, dass viele biologische Vorgänge nach reproduzierbaren physikalischen Prinzipien funktionieren, doch das beweist nicht, dass sich das Verhalten von Lebewesen auf physikalisch-chemische Reaktionen reduzieren ließe. Man stelle sich vor, jemand, der kein Radiogerät kennt, sähe ein solches und wäre begeistert von der Musik, die aus ihm dringt. Er wird denken, dass die Musik aus dem Inneren des Apparats kommt, als Resultat irgendeiner Interaktion seiner einzelnen Bestandteile. Sagt man ihm nun, dass sie in Wirklichkeit von außen kommt, wird er diesen Gedanken mit Sicherheit von sich weisen und anführen, dass er nichts in das Gerät hineinfließen sieht. Zur Begründung wird er sagen, dass das Radio angeschaltet genauso viel wiegt wie ausgeschaltet.

Will er nun ein ähnliches Gerät bauen, wird er sich die einzelnen Teile besorgen, Knöpfe, Gehäuse, Siliziumkristall, Kupferdrähte und anderes mehr, und das Sendegerät detailgetreu nachbauen. Danach wird er für die Nachwelt festhalten: »Ich habe alles genau ver-

standen und ein identisches Gerät aus den gleichen Bestandteilen zusammengebaut. Was ich nicht begreife, ist, warum keine Musik herauskommt.«

Das ist exakt die Situation, in der jene sich befinden, die behaupten, sie hätten das Leben verstanden. Man kann behaupten, dass es sich bei Liebe, Treue, Solidarität, Mitgefühl oder Freundschaft um reine Verteidigungsmechanismen des verletzten oder schuldhaften Ichs handelt, wie dies das amerikanische *Journal of Psychotherapy* tut. Aber wie lässt sich dann erklären, dass uns allen diese Werte so wichtig sind?

Das berühmteste Beispiel einer verblüffenden Verhaltensentwicklung wurde nicht beim Menschen, sondern beim Affen beobachtet. Es handelt sich um das sogenannte »Prinzip des hundertsten Affen«.[10]

Auf der japanischen Insel Koshima lebte ein junges Makakenweibchen. Eines Tages entwickelte es eine bei dieser Affenart nie zuvor gesehene Verhaltensweise: Es entdeckte durch Zufall, dass schmutzige Süßkartoffeln besser schmeckten, wenn man sie zuvor im Fluss wusch. Das Affenweibchen blieb bei dieser neuen Verhaltensweise und gab sie an seine Jungen weiter, die sie wahrscheinlich wiederum an

---

10 Erzählt von Lyall Watson in: »Lifetide«, New York 1979.

ihre Artgenossen weitergaben. Irgendwann hatten sich hundert der zweihundert Affen, die auf der Insel lebten, angewöhnt, die Süßkartoffeln zu waschen. Soweit nichts Besonderes, doch dann geschah etwas Seltsames: Dieselbe Verhaltensweise wurde auch bei Affen auf den Nachbarinseln beobachtet, ohne dass sie die Möglichkeit gehabt hätten, dieses Verhalten zu erlernen.

Die wissenschaftliche Schlussfolgerung lautete: Entwickelt eine bestimmte Anzahl von Mitgliedern einer hochentwickelten Spezies bestimmte körperliche Fähigkeiten oder Verhaltensweisen, können diese von anderen Mitgliedern der Spezies übernommen werden, obwohl kein Kontakt im konventionellen Sinne zwischen ihnen besteht.

Bei seinem Versuch, diesen Sachverhalt zu erklären, traf Sheldrake eine Feststellung, die so von jedem hätte kommen können, ob nun Wissenschaftler oder nicht: »Wie kommt es zu diesem Resonanzphänomen? Ich weiß es nicht.« Er räumte damit ein, dass es messbare und reproduzierbare, folglich wissenschaftlich glaubhafte Erkenntnisse gibt, die sich dennoch nicht wissenschaftlich erklären lassen.

Die revolutionären Fortschritte der westlichen Wissenschaft (Physik, Biologie, Medizin, Informatik, Psychologie und Parapsychologie) können nicht verhindern, dass wir uns verstärkt der spirituellen Sichtweise im Denken der Antike und der Östlichen Welt zuwenden (dem indischen Yoga, dem tibetanischen Vajrayana, dem Zen-Buddhismus, dem chinesischen Taoismus, der jüdischen Kabbala, der christlichen Mystik oder dem Gnostizismus).

Man könnte sagen, dass wir uns einer wunderbaren Synthese aus Altem und Modernem annähern. Eine Integration der großen Lehren aus Orient und Okzident könnte weitreichende Folgen für das Leben auf diesem Planeten haben.

Weisheit wäre nicht länger einer kleinen Gruppe von Spezialisten vorbehalten, weil jeder Mensch geistiger autonom sein könnte, in der Gewissheit, dass es allen Menschen gegeben ist, weise zu sein, wie Heraklit sagte.

ERSTES KAPITEL

Der Mensch und seine Mythen

Wir alle sind
in Unwissenheit geboren.

Der Mensch gegen die Kultur

Es gibt eine Überlegung, die bei fast allen Denkern und in allen Epochen auftaucht und die auf eine Frage hinausläuft, für die es noch keine endgültige Antwort gibt:

In welchem Maße befördert das, was wir lernen und glauben, unsere eigene Entwicklung, und in welchem Maße ist es eine Bremse, eine Beschränkung, ein subtiles Hindernis?

Man könnte die Frage noch weiter zuspitzen:

Hilft die Kultur den Völkern, sich weiterzuentwickeln, oder führt sie zur Erstarrung, indem sie den Menschen an anachronistische Muster bindet?

Es gibt wie gesagt keine endgültige, allumfassende Antwort auf diese Frage. Bleibt uns also nur, unsere eigene Antwort zu finden. Dabei lohnt es sich, ganz am Anfang zu beginnen; und für mich ist der Anfang die Schöpfung.

Der Mythos und seine Probleme

Jedes Volk schafft im Laufe der Zeit seine eigenen Mythen und Legenden, die viel über das Volk aussagen, das sie erzählt.

Die Geschichte von Moses verrät viel über das jüdische Volk, und die Geschichte von Jesus verrät viel über die Christen. Jede Heldengeschichte, jeder Mythos, jede Legende berichtet uns von solch verehrten Menschen. Aber sie erzählen uns auch etwas über die Völker, die sie hervorbrachten, über die Traditionen der Länder, in denen sie lebten, über die Menschen, an deren Seite sie kämpften. Die Mythen erzählen nicht nur, wer wir waren, sondern auch und vor allem, wer wir sind, was wir werden können und warum.

Wenn dem so ist (und es ist so …), dann sagen die Mythen, die wir als Gemeinschaft in uns tragen, und die Legenden der eigenen Kultur viel mehr über den Menschen, über jeden Einzelnen von uns und über die gesamte Menschheit aus, als wir glauben.

Der biblischen Schöpfungsgeschichte entspricht in der östlichen Welt der Mythos der Kosmogonie. Beide sind eine mehr oder weniger logische Deutung dessen, wie alles begann.

Bedenkt man, welch beträchtlicher Einfluss unserem Glauben an den Mythos zukommt, kann es sehr hilfreich sein, diese (in der Bibel erzählte und letztlich als göttliche Offenbarung angenommene) Schöpfungsgeschichte zu kennen. So verstehen wir, warum gewisse Dinge, die wir als gegeben hinnehmen, so sind, wie sie sind, und wie und warum unser Verhalten ganz stark von bestimmten Vorstellungen beeinflusst ist.

Das Erste, was bei näherer Betrachtung ins Auge fällt, ist, dass unsere (abendländische jüdisch-christliche) Kultur im Gegensatz zu anderen Kulturen von der Vorstellung ausgeht, dass das Universum durch eine schöpferische Kraft aus dem Nichts heraus erschaffen wurde. Salopp gesagt beschließt Gott (im Weiteren mit dem allergrößten Respekt »der Boss« genannt) eines Tages, ganz ohne irgendeine materielle Grundlage, die Erde und den Rest des Universums zu schaffen, in dem wir leben.

So schuf Gott der Genesis zufolge die Meere und das feste Land, schied das Licht von der Dunkelheit, schuf sämtliche Tiere und Pflanzen und machte sich dann am sechsten Tag an sein kompliziertestes Werk: den Menschen.

Bedenkt man, welchen Einfluss dieser Mythos auf

unser Denken hat, fällt vor allem die Vorstellung auf, dass alle Dinge von der übergeordneten Macht eines Gottes – unseres Gottes – aus dem Nichts geschaffen wurden. Unabhängig davon, ob man diese Geschichte metaphorisch verstehen will oder wörtlich nimmt, unabhängig davon, ob man an diesen allmächtigen Schöpfergott glaubt oder nicht, unabhängig von unserer Interpretation, beeinflusst »die Geschichte« unseren Glauben und wirkt in unserem Unterbewusstsein nach, wenn es darum geht, wie man mit einem Projekt, einem Problem oder etwas Unvorhergesehenem umgeht.

Mir geht es an dieser Stelle darum, deutlich zu machen, was dieser Mythos für unsere westliche Kultur bedeutet.

Es steht gleich am Anfang:

»Die Dinge *werden geschaffen.*«

Selbst wenn dies aus dem Nichts heraus geschieht, muss man sie schaffen, herstellen, erfinden.

Die Dinge werden, weil Jemand oder Etwas sie aus dem schuf, was sie nicht waren.

Wir haben also zunächst den Übergang von dem, was *nicht ist*, zu dem, was *ist*.

So ausgedrückt, scheint dieser Gedankengang klar

auf der Hand zu liegen. Wie sollte es sonst gewesen sein?

Sehen wir uns jedoch in anderen Kulturen um, stellen wir fest, dass dort die Welt und alles, was sie enthält – auch der Mensch –, nicht als aus dem Nichts heraus geschaffen verstanden werden. In der fernöstlichen Kultur zum Beispiel ist alles, was ist, stets das Produkt eines Werdens aus etwas zuvor Bestehendem, das einem Wandel unterliegt. Das, was war, wird zu etwas anderem: A tritt in B in Erscheinung, B bedingt C, das der Auslöser für D ist, und so weiter *ad infinitum*.

Anders als im jüdisch-christlichen Schöpfungsmythos lebt die östliche Welt in einem Universum, in dem die Dinge nicht gemacht, geschaffen oder erfunden werden, und schon gar nicht aus dem Nichts heraus. Sie gehen immer auf etwas Vorheriges zurück, das bereits *war*.

Und wenn du dich fragst, was geschieht, wenn man bei Z angelangt ist, wird ein fernöstlicher Mensch dir vielleicht sagen, dass Z womöglich erneut zu A führt.

Es sind die Unterschiede zwischen diesen Mythen, die die Kluft zwischen östlichem und westlichem Denken markieren. Hier im Westen, wo wir von unserem kosmogonischen Mythos geprägt sind, fällt es schwer, von der Idee zu lassen, dass man den Wandel *schaffen* kann. Wir sind gezwungen zu sein, was wir tun, etwas aus dem Nichts heraus zu erschaffen. Wir können nicht anders, als zu machen, uns als jene zu behaupten, die eine Sache schaffen. Die Menschen der östlichen Welt hingegen besitzen eine andere Gelassenheit; sie sind davon überzeugt, dass alles, was sie tun, dazu dient, den Prozess des Werdens nicht zu unterbrechen. Sie können darauf warten, dass dieses Etwas geschieht, ohne dass sie selbst aktiv eingreifen müssen, damit es geschieht. Ihnen fällt es schwer, diesen Prozess in Gang zu setzen und in die Realität einzugreifen, um sie in ihrem Sinne oder im Sinne aller zu verändern.

Uns wiederum fällt es aus unserer Seinsweise heraus schwer, ihre passive Haltung zu akzeptieren, während sie verständlicherweise unsere Ungeduld als störend empfinden. Wir sind von unterschiedlichen Mythen geprägt.

Der Mythos dessen, was wir sind

Der jüdisch-christliche Schöpfungsmythos geht weiter mit der Erschaffung Adams:

(Gen 2,7) Dann bildete Jahwe Gott den Menschen aus Staub von dem Erdboden ...

Der Bibel zufolge nach seinem Ebenbild, ihm ähnlich.

Und erneut, unabhängig davon, ob die Bibel als ein getreuer Bericht oder als eine symbolische Darstellung begriffen wird, bestimmt der Mythos das Verhalten aller und trägt implizit eine Botschaft in sich, die, da sie nicht explizit ist, unanfechtbar erscheint.

(Gen 2,19) Jahwe Gott bildete noch aus dem Erdboden alle Tiere des Feldes und alle Vögel des Himmels, und er führte sie zum Menschen, um zu sehen, wie er sie benennen würde: so, wie der Mensch sie benennen würde, sollte ihr Name sein.

Der Bibel zufolge schuf Gott Adam, damit dieser sich die Schöpfung zu eigen mache, das heißt: ihr Herr zu sein. Er fordert Adam auf, den Tieren und allen Dingen ihre Namen zu geben.

Wir Therapeuten wissen besser als andere, dass man nur solche Dinge beherrschen und kontrollieren kann, die man benennen kann. Unbenennbare Dinge sind Wesenheiten, die man nicht beherrschen und schon gar nicht kontrollieren kann.[11]

---

11 Das gilt für diesen Text und alles, was unser tägliches Leben betrifft. In Bezug auf unsere Gefühle heißt das: Nur, wenn ich eine Sache benennen kann, kann ich handeln. Ein sprachwissenschaftlicher Beweis dafür, dass es unmöglich ist, mit dem Tod eines Kindes zurechtzukommen, ist der Umstand, dass es nicht einmal ein Wort gibt, um ein

Dann sieht Gott, dass der Mensch allein ist. Wörtlich heißt es:

(Gen 2,18) Es ist nicht gut, dass der Mensch allein sei. Ich will ihm eine Hilfe machen, die ihm entspricht … (Gen 2,21) Nun ließ Jahwe Gott einen Tiefschlaf über den Menschen fallen, dass dieser einschlief, und er nahm eine von seinen Rippen und schloss das Fleisch an ihrer Stelle zu. Dann baute Jahwe Gott die Rippe, die er vom Menschen genommen hatte, zu einem Weibe und führte es zum Menschen.

Diese Geschichte zeigt höchst absichtsvoll, wie eine Überlegenheit des Mannes gegenüber der Frau geschaffen wird. Und das ist nicht nur hier so, sondern zieht sich durch die gesamte Genesis. So ist die Frau das Einzige, was nicht allein durch den Willen Gottes aus dem Nichts heraus geschaffen wurde. Die Frau wurde aus einem anderen Lebewesen geschaffen, dem Mann, dessen Wunsch und dessen Anteil, so wird suggeriert, sie ihre Existenz verdankt.

Der Mythos berichtet, dass Adam und Eva im Paradies lebten, wo sie alles hatten, was sie brauchten. Sie

---

Elternteil zu benennen, das durch diesen Schmerz gegangen ist. Ich habe keine Kontrolle über das, was ich nicht benennen kann.

litten weder Kälte noch Hunger noch Durst, noch mangelte es ihnen an irgendetwas.

(Gen 2,9) Und Jahwe ließ aus dem Erdboden allerlei Bäume hervorwachsen, lieblich anzusehen und gut zu essen, den Baum des Lebens mitten im Garten und den Baum der Erkenntnis des Guten und Bösen … (Gen 2,16) Und Jahwe Gott gab dem Menschen dieses Gebot: »Von allen Früchten des Gartens darfst du essen. Von dem Baum der Erkenntnis des Guten und Bösen aber darfst du nicht essen. Denn am Tage, da du davon issest, musst du sicher sterben.«

Von allen Früchten, die im Garten Eden wuchsen, durften sie also essen, außer vom Baum der Erkenntnis.

Man kann davon ausgehen, dass es Adam und Eva sehr gut ging. Sie lebten im wahrsten Sinne des Wortes im Paradies, bis …

… bis eines Tages die Schlange zu Eva kam und zu ihr sagt: »Siehst du, wie köstlich die Frucht dort drüben aussieht?« (Sie deutet auf die Frucht des Guten und des Bösen am Baum der Erkenntnis.)

Und Eva antwortet:

»Ja, wirklich köstlich, aber die ist verboten, der Boss will das nicht …«

(Gen 3,2) Das Weib antwortete der Schlange: »Von den Früchten der Bäume des Gartens dürfen wir essen. Nur von den Früchten des Baumes, der mitten im Garten steht, hat Gott gesagt: ›Ihr sollt nicht davon essen und nicht daran rühren, damit ihr nicht sterbet.‹«

Die Schlange fragt:

»Weißt du, warum Gott nicht will, dass ihr von diesem Baum esst?«

Und da Eva es nicht weiß, fährt sie fort:

(Gen 3,4) »Keineswegs, ihr werdet nicht sterben. Vielmehr weiß Gott, dass an dem Tage, da ihr davon esset, euch die Augen aufgehen und ihr sein werdet wie Götter, die Gutes und Böses erkennen.«

Eva sagt: »Ach …«, und, mit Blick auf die Frucht: »Sieht lecker aus, oder?«

(Gen 3,6) Das Weib sah, dass der Baum gut zu essen wäre und lieblich anzusehen und begehrenswert, um Einsicht zu gewinnen. Und sie nahm von seiner Frucht und aß und gab davon auch ihrem Manne, der bei ihr war, und er aß.

Eva nimmt die Frucht, die, so die Bibel, sehr verlockend aussieht, und isst davon. Sie stellt fest, dass sie gut schmeckt und dass sie nicht gestorben ist.

Daraufhin ruft sie Adam und bietet ihm ebenfalls davon an.

Der Mann willigt schließlich ein und isst von der verbotenen Frucht.

Erst als sie davon gegessen haben, merken sie, dass sie nackt sind.

(Gen 3,7) Nun gingen beiden die Augen auf, und sie erkannten, dass sie nackt waren …

Beschämt (worüber?) flechten sie sich Schurze aus Feigenblättern. Als sie hören, dass der Boss sich dem Garten nähert, verstecken sie sich. Und Gott fragt:

»Adam, wo bist du?«

Adam antwortet:

»Ich hörte deine Stimme und verbarg mich, weil ich nackt bin.«

Und Gott fragt:

»Na und?«

»Na ja, ich habe mich geschämt«, antwortet Adam.

Gott sagt:

(Gen 3,11) »Wer hat dir kundgetan, dass du nackt bist? Hast du von dem Baum gegessen, von dem zu essen ich dir verboten habe?« Der Mensch erwiderte: »Das Weib, das du mir beigesellt hast, gab mir von dem Baum, und ich aß.«

Das heißt, Adam sagt sinngemäß:

»Es ist deine Schuld. Und ihre.«

Daraufhin fragt Gott Eva:

»Du hast gegessen und auch Adam von der verbotenen Frucht gegeben. Warum hast du das getan?«

Eva antwortet:

»Die Schlange hat mich verführt.«

Gott zürnt und verdammt die Schlange dazu, auf dem Bauch zu kriechen und Staub zu fressen alle Tage ihres Lebens.

(Gen 3,16) Zum Weibe aber sprach er: »Unter Schmerzen sollst du Kinder gebären. Nach deinem Mann wird dein Verlangen sein, er aber wird über dich herrschen.«

Wir sahen, dass bereits eine Abhängigkeit bestand, nachdem die Frau aus dem Manne geschaffen wurde. Die Tatsache, dass sie nun dem Manne untertan ist, macht daraus eine totale Abhängigkeit.

Der Mythos schafft keine einfache, sondern eine doppelte Abhängigkeit dem Mann gegenüber.

Auch die Bestrafung des Mannes ist eine doppelte:

(Gen 3,19) »Im Schweiße deines Angesichts sollst du dein Brot essen, bis du zum Erdboden zurückkehrst,

von dem du genommen bist. Denn Staub bist du, und zum Staub musst du zurückkehren.«

Auf gut Deutsch gesagt: Du musst sterben.

Damit nicht genug, wirft der Boss sie aus dem Paradies:

(Gen 3,22) Darum entfernte ihn Jahwe aus dem Garten Eden, damit er den Erdboden bebaue, von dem er genommen ist.

Die Geschichte geht ziemlich spannend weiter. Adam und Eva verlassen also das Paradies, nun nicht mehr nur mit Lendenschurzen bekleidet – außerhalb des Paradieses scheint es kalt zu sein –, sondern in Fellumhängen, die der Boss ihnen gibt.

Sie verlassen also das Paradies mit der Erkenntnis von Gut und Böse. Und dann tun sie mit diesem neuen Wissen das Einzige, was ihnen einfällt:

(Gen 4,1) Der Mensch erkannte sein Weib Eva.

Zum ersten Mal in ihrer Geschichte, zu Beginn des vierten Kapitels, »erkennen sie sich«, wie es in der Bibel heißt (das heißt, sie haben Sex).

Aus dieser Begegnung und diesem gegenseitigen Erkennen entstehen Kain und Abel, die ersten beiden Söhne des Paares. Der Rest der Geschichte ist bekannt:

(Gen 4,3) Nach geraumer Zeit geschah es nun, dass Kain von den Früchten des Feldes Jahwe ein Opfer darbrachte. Auch Abel brachte sein Opfer dar von den Erstlingen seiner Herde, und zwar von ihrem Fett. Und Jahwe schaute gnädig auf Abel und sein Opfer. Auf Kain und sein Opfer aber schaute er nicht. Deshalb wurde Kain sehr zornig und senkte sein Angesicht […] Als sie auf dem Feld waren, erhob sich Kain wider seinen Bruder Abel und schlug ihn tot.

Daraufhin fragt der Boss (merkwürdiger Boss, finde ich – fragt ständig nach, als ob er es nicht schon wüsste …):

(Gen 4,9) Da sagte Jahwe zu Kain: »Wo ist dein Bruder Abel?« Er antwortete: »Ich weiß es nicht. Bin ich denn der Hüter meines Bruders?« Darauf sprach er: »Was hast du getan? Höre, das Blut deines Bruders schreit zu mir von der Erde.«

Der Boss weiß, dass Kain seinen Bruder umgebracht hat, und verflucht ihn:

(Gen 4,12) »Unstet und flüchtig sollst du auf Erden sein.«

Schuldbewusst, aber auch voller Angst nimmt Kain seine Strafe an.

(Gen 4,13) Da sprach Kain zu Jahwe: »Zu groß ist meine Strafe, als dass ich sie tragen könnte […] und jeder, der mich findet, wird mich töten.« Jahwe aber sprach zu ihm: »Keineswegs! Jeder, der Kain tötet, an dem soll man es siebenfach rächen.« Und Jahwe machte an Kain ein Zeichen, damit ihn nicht jeder töte, der ihn fände.

Der Boss stellt klar, dass sich jeder, der Kain etwas antut, vor ihm verantworten muss.

Kain ist also ein Unberührbarer, dem keiner Schaden zufügen darf. So wurde er weit über neunhundert Jahre alt, stets verflucht von Gott …

Soweit die Geschichte.

In Anbetracht ihrer Bedeutung und ihrer bereits angedeuteten Folgen für unsere Identitätsbildung, unser Verhalten und unseren Glauben stellen sich mir einige Fragen, die ich gerne mit meinen Lesern teilen möchte:

Kain, der Brudermörder, der erste Verbrecher, wird von Gott in Schutz genommen, damit niemand ihn tötet. Er verflucht ihn, krümmt ihm aber kein Haar. Er tut ihm nichts, außer ihn von den anderen zu trennen … Und die anderen beiden armen Seelen, Adam und Eva, die nur von einem harmlosen Bäumchen gegessen haben, verurteilt er zum Tode, dazu, ihr Leben lang zu arbeiten und der Sklave des anderen zu sein. Was ist das für ein Gott? Zumindest ein merkwürdiger Gott, oder nicht? In jedem Fall, so scheint es (mit Verlaub), ein ungerechter Gott.

Man kann es sich leichtmachen, indem man sagt:

Der Boss wird schon seine Gründe haben.

Das mag sein, aber wir können nicht so kurz angebunden sein, nicht mal IHM gegenüber.

Eine Antwort darauf zu finden, wird uns dabei helfen, uns besser zu verstehen und kennenzulernen. Denn erst wenn wir den Mythos unseres Ursprungs analysiert, verstanden und akzeptiert haben, können wir uns als die annehmen, die wir sind, und Teil dieser Kultur sein. Unter anderem, weil DAS der Punkt ist – unabhängig davon, ob wir gläubig sind –, der am besten verdeutlicht, von welchen Prinzipien unsere Kultur geprägt ist und was unsere Gesellschaft zusammenhält.

Wir müssen dieses Mysterium durchdringen, um den Widerspruch aufzulösen. Andernfalls stecken wir in einem negativen, unverständlichen Gottesbild fest. Wir werden eine im Wortsinne a-theistische, also gottlose Gesellschaft oder noch schlimmer: eine Gesellschaft, die in völliger Abhängigkeit von einem Wesen lebt, das sie als Wahnsinnigen wahrnimmt, als perversen Sadisten, als launischen Narr, der mit uns macht, was er will, und das nicht einmal zu unserem Besten. Und die Vorstellung, in einer Welt zu leben, in der es keinerlei Gerechtigkeit gibt, nicht mal vom obersten Boss, ist wirklich schwer zu ertragen …

Gehen wir ein bisschen weiter:

Wenn Gott nicht wollte, dass der Mensch von dem Baum essen sollte, warum ließ er ihn dann dort wachsen? Ist das wieder so eine sadistische Aktion? Ich pflanze einen Baum, damit du nicht davon isst? Dann schmücke ich ihn noch mit Girlanden und bunten Lampions und stelle ihn in die Mitte des Gartens, nicht nur, um ihn unübersehbar zu machen, sondern auch, damit du nicht daran vorbeikannst. Warum die Versuchung so verführerisch nah präsentieren? Warum Adam jedes Mal, wenn er vom Baum des Lebens isst, daran erinnern, dass er von diesem Baum nicht essen darf?

Außerdem dürfen wir nicht vergessen, dass Gott der Allmächtige, der Allwissende ganz genau wissen musste, was passieren würde …

Oder wusste er es nicht? Das wiederum ist ein unerträglicher Gedanke.

Gehen wir also zugunsten unserer Beziehung zu IHM davon aus, dass er den Baum absichtlich dort hinstellte, um den Menschen in Versuchung zu führen, als Symbol seines freien Willens, in dem Wissen, dass er scheitern würde … In Ordnung, aber … warum spricht er hier eine härtere, schmerzlichere Strafe aus als jene, die er später über den Brudermörder verhängt?

Das wirft in der Tat erneut viele Fragen auf.

Der Erklärungsversuch, dass Gott möchte, dass wir Gebrauch von unserem freien Willen machen, um uns aus freien Stücken für den Gehorsam zu entscheiden, erscheint mir nicht schlüssig, zumindest nicht nach dieser Analyse. Er stellt einen ganz besonderen Baum neben einen anderen, ebenfalls besonderen Baum, genau in der Mitte des Paradieses. Er erklärt mir, dass der Zweite verboten ist, und macht ihn besonders verführerisch. Und ich frage mich: Macht er ihn so verführerisch, damit noch deutlicher wird, dass er verboten ist, oder ist es sein Verbot, das ihn für mich noch verlockender macht?[12]

---

12 Wer käme auf die Idee, etwas zu verbieten, das nicht verlockend ist? Was hätte das für einen Sinn? Es gibt zum Bei-

Erneut kommt mir der Gedanke an einen abstoßenden Gott, einen perversen Gott, der eine besonders verlockende Frucht schafft, um sie mir dann zu untersagen und mich hart zu bestrafen, wenn ich sein Verbot missachte.

Und da ist noch etwas.

Im Garten Eden gab es zwei Bäume, den Baum des Lebens und den Baum der Erkenntnis des Guten und des Bösen. Dieser Letzte, Verbotene öffnete dem Menschen die Augen dafür, was gut ist und was schlecht. Nun frage ich mich: Wenn Adam und Eva noch nicht von der Frucht gegessen hatten, wie konnten sie dann wissen, dass es schlecht war, nicht zu gehorchen? Wie konnte der Menschen zwischen dem Guten und dem Bösen entscheiden, ohne von Gut und Böse zu wissen?

Aus dieser Perspektive ist Gott nicht nur ein perverser Sadist, sondern auch ein Sinnbild institutionalisierter Ungerechtigkeit und des mangelnden Rechts auf Verteidigung.

Doch auch diese wahnwitzige Vorstellung der Schöpfungsgeschichte ist nicht haltbar.

Wir müssen eine bessere Lösung für unsere Fra-

---

spiel keine Schilder, auf denen steht: »Es ist verboten, sich die Finger in der Tür einzuklemmen«.

gen suchen, sonst wird sich diese autoritäre, willkürliche Vorgehensweise als Norm in unserer Kultur einnisten.

Bewusst oder unbewusst sind wir mit diesem Mythos aufgewachsen. Wir haben die Vorstellung, dass es ein Paradies gibt, aus dem wir vertrieben wurden, weil wir nicht gehorchten, und wir leben in der Vorstellung, dass es jederzeit wieder passieren kann, wenn wir nicht folgsam sind, dass auf die Sünde der Übertretung eines Verbots eine harte Strafe folgt.

Das ist es, was man tagtäglich zu Hause, in der Schule oder auf der Straße lernt. Es ist die Basis unserer Erziehung. Es ist das, was wir unseren Kindern moralisch zu vermitteln versuchen. Immer wieder trichtern wir ihnen ein, dass ihnen nur dann Gutes widerfährt, wenn sie brav und folgsam sind; gehorchen sie hingegen nicht, wird es ihnen schlecht ergehen. Und damit ihnen keine Zweifel bleiben, denken wir uns wirksame Strafen aus, um ihnen klarzumachen, dass wir für sie der verlängerte Arm des allmächtigen Gottes sind.

Ist das der große Mythos? Die Geschichte einer göttlichen Ungerechtigkeit, aufrechterhalten durch Autoritarismus und drakonische Strafen, mit denen man unmöglich einverstanden sein kann?

Warum wiegt das Vergehen von Adam und Eva schwerer als das von Kain?

Warum wird Ungehorsam härter bestraft als ein Verbrechen?

Warum wird Kain, der weiß, dass er Böses tut, eher vergeben als seinen Eltern, die sich ihres Ungehorsams erst bewusst werden, als sic ihn begangen haben?

Was die zweite Episode betrifft, den Brudermord, muss eine Erklärung her, und sei es eine menschliche, um ein göttliches Mysterium zu erhellen.

Als das erste Verbrechen geschieht, hatte Gott noch nicht ausdrücklich verboten zu töten, weder Kain noch sonst jemandem. Die Sünde war folglich keine Übertretung im Sinne einer vorgeschriebenen Norm, sondern lediglich von dem eigenen Wissen bestimmt, etwas Verwerfliches zu tun. Was hingegen den Sündenfall angeht, so hatte Gott seine ersten Menschen sehr wohl darauf hingewiesen, dass sie nicht von der Frucht dieses Baumes kosten durften. Und es gibt noch einen weiteren Unterschied: Als sie sich ihres Vergehens bewusst werden, weisen sowohl Adam als auch Eva jede Verantwortung von sich. Ja, der Erste versucht sogar, Gott selbst für ihre Verfehlung verantwortlich zu machen.

Ziehen wir also die Möglichkeit in Betracht, dass die Vertreibung aus dem Paradies nicht erfolgte, weil der Mensch der Versuchung erlag, sondern weil er nicht die Verantwortung für das Geschehene übernahm (nun, da er um das Gute und das Böse wusste).

Vielleicht bestraft dieser Gott, so wie ich ihn sehe, und der in meinen Augen besonnener, gerechter und leichter zu verstehen ist, nicht den Ungehorsam an sich, wie wir für gewöhnlich glauben, sondern vielmehr die Tatsache, dass keine Verantwortung für den Ungehorsam übernommen wird …

ZWEITES KAPITEL

Das gewonnene Paradies

Wir alle können Weise werden.

Begleite mich nun durch eine andere Version der Geschichte. Sie eröffnet uns eine neue Sichtweise und geht auf einen Mann namens Harold Kushner zurück.

In dieser Version, die ohne weiteres von Fellini, Almodóvar oder Woody Allen hätte verfilmt werden können, nimmt der ursprüngliche Mythos eine andere Wendung, als Eva der Schlange begegnet.

Die Schlange lockt Eva, von der verbotenen Frucht zu kosten, doch diesmal erklärt Eva:

»Nein. Die Frucht sieht wirklich köstlich aus, aber sie ist verboten. Gott hat es so befohlen.«

Die kluge Schlange versucht, sie mit dem Gedanken zu locken, der Boss habe nur Angst davor, die Menschen könnten sich zu Göttern aufschwingen. Eva aber antwortet höflich »Nein, danke«, und setzt ungerührt ihren Weg durchs Paradies fort …

Wunderbar, nicht wahr? Hochachtung, Eva!

Wie würde es weitergehen?

In dieser Version, in der Eva nicht von der verbotenen Frucht kostet, würde sie auch ihren Gefährten nicht dazu auffordern, davon zu essen. Und wenn dann der Boss erscheint (der bereits weiß, was passiert ist, aber in dieser Version wenig fragt – zumindest fragt er nichts, was er schon weiß), belohnt er sie.

Und was ist die Belohnung?

Die Belohnung ist, dass sie für immer im Paradies bleiben und vom Baum des Lebens essen dürfen … und von allen anderen, bis auf diesen einen. Ideales Klima, Nahrung im Überfluss, Frieden, nicht arbeiten müssen, kein Gedanke an den Tod.

Alles gut.
Bestens.
Himmlisch.

Allerdings: von Sex keine Rede!
Nein?
NEIN.

Wir erinnern uns: Die Sexualität entsteht erst jenseits des Paradieses, im Bewusstwerden des Verlangens, das mit der Entdeckung der eigenen Nacktheit und der des anderen einhergeht, mit der Erkenntnis des Bösen (oder des Guten).

In dieser alternativen Version, in der Adam und Eva mit dem Paradies belohnt werden, lernt Adam natürlich nie, einen Pflug zu führen oder dergleichen, weil keine Notwendigkeit dazu besteht. Es herrscht eitel Sonnenschein, und er springt und hüpft den ganzen Tag umher und lauscht den Vögelchen …

Eva lernt nicht die Schmerzen der Niederkunft kennen, da sie keine Gelegenheit hat, die Freuden der Sexualität zu erfahren.

Beide leben ewig … und ohne jede Herausforderung.

Ewig glücklich, unfruchtbar, einsam und unsterblich.

Von Menschheit keine Rede. Keine Form des menschlichen Daseins, nur sie selbst, keiner, der ihnen Gesellschaft leistet, keine Nachkommen, nichts …

Die Männer und Frauen, von denen wir abstammen, sind das Ergebnis der Fortpflanzung dieses ersten Elternpaares. Hätten sie sich also nicht »erkannt« – tja!

Letzten Endes haben wir also Glück gehabt. Wäre Eva nicht ungehorsam gewesen, wäre alles anders gekommen.

Die erste Frau hat sich selbst und ihren Mann vor der vorhersehbaren Langeweile des ewigen Paradieses gerettet und damit die ganze Menschheit vor der Nicht-Existenz bewahrt.

Die Vertreibung aus dem Paradies ist also vielmehr eine Chance und eine Befreiung als eine göttliche Strafe.

Wenn uns der biblische Mythos, so wie er uns überliefert wurde, etwas zu sagen hat, dann, indem er uns auf einen interessanten Umstand aufmerksam macht:

Die Menschheit verdankt ihre Existenz einer Frau, die bereit war, eine Regel zu brechen, einen Befehl in Frage zu stellen, einem Wort zu misstrauen, eine Weisung zu missachten.

Der Segen der Bestrafung

Sowohl kulturgeschichtlich als auch in unserem persönlichen Leben haben wir die Wahl: zwischen der beschaulichen Ruhe und dem bequemen Stillstand des Gehorsams, oder der Herausforderung, uns nicht länger zu fügen und das Risiko einzugehen, Regeln zu übertreten, um so den freien Willen zu erlangen.

Freiheit erringt man, nachdem man zuvor den Mut hatte, Gut und Böse zu erkennen. Und dieses Wissen, so scheint der Mythos zu sagen, erlangen wir nicht, wenn wir es nicht zuvor wagen, gegen das von vornherein Festgelegte aufzubegehren. Theologisch gesprochen, beginnt der freie Wille jenseits des Paradieses.

Das »Gefährliche« an dieser Denkweise ist, dass die Vertreibung aus dem Paradies nicht länger eine Strafe zu sein scheint …

Blicken wir noch einmal zurück: Worin bestand diese Strafe?

> Unter Schmerzen gebären.
> Von der Entscheidung anderer abhängen.
> Im Schweiße unseres Angesichts arbeiten.
> Sterben.

Für eine Frau kann »unter Schmerzen gebären« sowohl konkret wie auch symbolisch vieles bedeuten. Aber wenn wir den Satz unvoreingenommen lesen und metaphorisch verstehen, können wir seine Interpretation weiter fassen:

»Nichts von dem, was du schaffst und hervorbringst, wird dir umsonst gegeben. Deine Entscheidungen betreffen immer auch andere, mit denen du lernen musst zusammenzuleben, von deiner Geburt bis zu deinem Tod.«

Stellen wir uns einen Vater oder eine Mutter vor, die ihren Kindern diesen Sachverhalt mit ihren eigenen Worten sagen:

»Wenn du nicht gehorchst, kannst du nicht länger ein umsorgtes, umhegtes Kind sein. Wenn du eigene Entscheidungen treffen willst, musst du arbeiten gehen, damit du dir das, was du haben möchtest, von deinem eigenen Geld kaufen kannst.«

»Wenn du nicht widerspruchslos tust, was man dir sagt, wirst du's schwer haben. Gehorchst du hingegen, soll es dir an nichts fehlen. Begehrst du aber auf, dann sieh zu, wie du klarkommst!«

»Ich werde nicht immer da sein, um dich zu beschützen, denn auch ich muss sterben. Du musst dir darüber im Klaren sein, dass du nicht für dich allein lebst; es wird immer jemand da sein, dessen Entscheidungen Einfluss auf dein Leben haben, in der Gegenwart wie in der Zukunft.«

Auf einmal erhält alles einen anderen Sinn …

Der Auszug aus dem Paradies ist eher eine Warnung als eine Strafe.

Eine Warnung davor, wie das Leben außerhalb des Paradieses ist, wo keiner über dich wacht und du selbst für alles verantwortlich bist, was du tust.

Ich muss sagen, dass eine Warnung keine Strafe ist und diese Vertreibung ziemlich genau dem entspricht, wofür ich mein ganzes Therapeutenleben lang gearbeitet habe. Deshalb vertrete ich nach allem bisher Gesagten die Ansicht, dass Gott, falls er existiert, in Wahrheit ein guter Gott war.

Die Geschichte des Sündenfalls ist wunderbar …

Dank dieser »Strafe« entwickelt sich die Menschheit, wächst und gedeiht …[13]

Dank dieser »Strafe« existieren und sind wir.

Die Bibel, als Metapher betrachtet, könnte so die Geschichte der menschlichen Evolution erzählen.

Mit dem Schöpfungsmythos beginnt die Geschichte der Menschheit, unabhängig von dem Gottesbild, das dahintersteht.

Aus dem Paradies vertrieben, tauchen allerlei Schwierigkeiten und Hindernisse auf, an denen wir wachsen werden. Sie sind der Preis der Freiheit. Jetzt hängt alles von dir ab – auch das Leben deines Bruders.

---

13 Hinsichtlich Darwins Theorien könnten wir genauso denken: Hätte der Affe sich nicht weiterentwickelt, hätte er sich nicht aufgerichtet. Er wäre ein Affe geblieben und hätte sich damit einige Probleme erspart. Aber in diesem hypothetischen Fall hätte es auch die Menschheit nicht gegeben.

Am schwierigsten zu ertragen ist die Drohung Gottes gegenüber Adam, nun, da er von dem Baum gegessen habe, solle er wissen, dass er aus Staub sei und wieder zu Staub werde, das heißt, dass er sterben werde.

Ist das etwa keine Strafe?

Mag sein, aber die eigentliche Strafe, so könnte man denken, ist doch das Wissen darum, dass wir sterben werden. Sich darüber im Klaren zu sein, dass unser Leben endlich ist und wir nicht ewig leben werden.

Andererseits ist das keine allzu große Strafe. Hätte man die Wahl – wer, der bei klarem Verstand ist, würde die Unsterblichkeit wählen?

Mythos und Zivilisation

In dieser Lesart, die ich und auch andere vertreten, ist der Ungehorsam die Voraussetzung für Fortschritt und Weiterentwicklung. Allerdings muss jeder selbst entscheiden, wie er die Schöpfungsgeschichte liest.

Gregory Bateson sagte: »Wir können die Welt nicht wahrnehmen. Wir können uns nur auf die Interpretation stützen, die wir uns von ihr machen.« Die Welt ist nicht, was wir wahrnehmen; wir leben lediglich in der Landkarte, die wir uns von ihr gemacht haben.

Wir leben unser Leben in Kongruenz und im Gleichklang mit dieser Karte und nicht mit der wirklichen Welt.

Aber wie sieht diese Karte aus?

Ein junger Mann, der einen schweren Koffer schleppt, kommt an ein Stadttor. Dort sitzt ein alter Mann auf einem Stein und raucht seine Pfeife.

»Wie sind denn die Leute hier im Ort so?«, erkundigt sich der junge Mann.

»Wie waren denn die Leute in dem Ort, aus dem du kommst?«, fragt der Alte zurück.

»Eine unangenehme Mischpoke: Diebe, Halsabschneider, Trübsalblaser und Trauerklöße. Sie sind immer nur auf ihren Vorteil bedacht und versuchen, ihren Nachbarn übers Ohr zu hauen. Klatsch und üble Nachrede sind an der Tagesordnung. Deshalb frage ich lieber, wie die Menschen hier sind, bevor ich den Ort betrete.«

»Ich fürchte, du wirst keinen großen Unterschied feststellen«, erklärt der alte Mann. »Die Leute hier sind nicht anders als dort, wo du herkommst. Tut mir leid.«

»Dann gehe ich lieber zum nächsten Ort weiter«, sagt der junge Mann, bevor er seinen Weg fortsetzt. »Leb wohl.«

»Leb wohl«, antwortet der Alte und raucht weiter seine Pfeife.

Nach ein paar Stunden nähert sich ein weiterer junger Mann, der dem vorherigen sehr ähnlich sieht, dem Tor.

»Wie sind denn die Menschen hier im Ort so?«, fragt auch er.

»Wie waren denn die Leute in dem Ort, aus dem du kommst?«, fragt der Alte erneut zurück.

»Oh, meine Leute sind wirklich nett. Dort, wo ich geboren bin, leben wunderbare Menschen. Jeder hilft jedem. Liebe und Mitgefühl sind an der Tagesordnung, und auf der Straße oder in der Kneipe trifft man immer jemanden, dem man seine Probleme erzählen oder mit dem man sich freuen kann. Ich bin nur ungern von dort fortgegangen. Und wie ist es hier?«

»Hier?«, sagte der alte Mann. »Hier ist es nicht anders. Die Leute hier im Ort sind genauso wie dort, wo du herkommst. Herzlich willkommen!«

Und der junge Mann betrat den Ort.

Wenn auf unserer persönlichen Landkarte alle unsere Feinde sind, sind wir ständig gezwungen, uns zu verteidigen …

Wenn auf unserer persönlichen Landkarte alle Opfer sind, fühlen wir uns ständig schuldig …

Wenn es auf unserer persönlichen Landkarte nur Schmerz und Trauer gibt, wird unser Leben ein einziges Leiden sein …

Wenn wir mit einer Landkarte durchs Leben gehen, auf der festgelegt ist, dass der Ungehorsame für seinen Ungehorsam mit dem Tod bezahlen muss, werden wir immer versuchen, uns gut zu benehmen; wir werden auf Zehenspitzen gehen, uns an die vorgegebenen Regeln halten und die herrschende Ordnung als gegeben hinnehmen …

Die Kultur, so glaube ich, ist eine konsensfähige Karte der Welt, in der wir leben.

Wenn diese Karte die Gesellschaft als ein Ganzes darstellt, dann ist der Schöpfungsmythos ein Leitfaden, wie die Karte zu zeichnen ist.

Wir können einen Weg zeichnen, auf dem Ungehorsam oder Regelüberschreitungen immer furchtbare Folgen haben. Oder einen Weg, auf dem der Mut zu Neuem immer wieder der Ausgangspunkt für Größeres und Besseres ist.

Wir können in der Vorstellung leben, dass es stets schlimme Folgen nach sich ziehen wird, wenn wir Versuchungen nachgeben. Oder wir können denken, dass jemand, der Regeln überschreitet, stets weiterkommt als einer, der sich nie mit der Möglichkeit befasst hat, etwas anderes, Neues zu machen, etwas, das nicht von der Gesellschaft abgesegnet ist.

Natürlich können wir den sicheren Weg wählen und uns auf die Landkarte verlassen, die andere vor uns gezeichnet haben. Oder wir können das Risiko eingehen, neue Wege zu beschreiten, weil sie eher die Möglichkeit bieten, neue Antworten zu finden und andere Erfahrungen zu machen.

Ich möchte anregen, dass wir auf diesem neuen Weg zur Weisheit unsere Glaubensgrundsätze und Vorstellungen auf den Prüfstand stellen und versuchen, die Landkarte zu verändern, die uns bis heute Grenzen gesetzt hat. Dass wir übernommene Gewohnheiten überprüfen und den Mut aufbringen, etwas daran zu verändern, wenn sie uns nicht mehr weiterbringen.

Der Drache der Kultur

Wir alle wissen, dass der Mensch in eine bestimmte Kultur hineingeboren wird, in der er sich entwickelt. Aber das Wort »Kultur« hat mindestens zwei Bedeutungen: Die eine bezieht sich auf die Summe an Wissen, die ein Mensch aus sich selbst heraus erworben hat (wir sagen: Er ist ein »kultivierter« Mensch).[14]

---

14 Erkenntnistheoretisch: Kultur = Wissen.

Die andere bezeichnet die Summe an Überzeugungen oder Gewohnheiten, die ein bestimmtes räumliches oder zeitliches Umfeld charakterisieren, in dem sich eine Person bewegt (»die argentinische, spanische, westliche, zeitgenössische Kultur«).[15]

Beide Bedeutungen sind eng miteinander verbunden, da die Gesellschaft (= Kultur) von der Gesamtheit ihres Wissens und ihrer Gewohnheiten (= Kultur) geprägt wird, gleichzeitig aber dem Individuum Wissen und Gewohnheiten vorgibt (deren Gesamtheit wir ebenfalls Kultur nennen).

Zu erkennen, dass die Kultur uns Dinge vorgibt, ist bereits ein Schritt auf unserem Weg zum schöpferischen Ungehorsam.

Und wenn es eine Vorgabe von Ideen und Vorstellungen gibt, wäre es gut, sich zunächst mit der Frage zu beschäftigen, wie der Mechanismus dieses soziokulturellen Gefängnisses funktioniert, bevor wir uns dagegen auflehnen.

Um Nietzsche zu zitieren, der in dem folgenden Text über den großen Drachen spricht:

---

15 Soziologisch: Kultur = Gesellschaft.

Welches ist der große Drache, den der Geist nicht mehr Herr und Gott heißen mag? »Du-sollst« heißt der große Drache. Aber der Geist des Löwen sagt: »ich will«. »Du-sollst« liegt ihm am Wege, goldfunkelnd, ein Schuppenthier, und auf jeder Schuppe glänzt funkelnd: »Du sollst!«

Tausendjährige Werthe glänzen an diesen Schuppen, und also spricht der mächtigste aller Drachen: »aller Werth der Dinge – der glänzt an mir. Aller Werth ward schon geschaffen, und aller geschaffene Werth – das bin ich. Wahrlich, es soll kein ›Ich will‹ mehr geben!« Also spricht der Drache.

Der Drache steht für das, was viele »Kultur« zu nennen beschlossen haben: die Gesamtheit gesellschaftlich anerkannter und festgelegter Normen. Ein Grundgerüst, das auf allgemeingültigen, unantastbaren Werten beruht, die von allen akzeptiert werden.

Und wie werden diese Normen unantastbar, das heißt, wie werden sie zu Werten?

Eine mögliche Antwort ist, weil die Macht beharrlicher Wiederholung und drohender Strafen so stark ist. Sie geht von Familie und Schule aus, von Polizei und Justiz, und kommt unter dem Deckmantel harmonischen Zusammenlebens oder guter Umgangsformen daher. Die großen Institutionen etablieren und verbreiten diese Werte, die dann vom einzelnen Individuum übernommen und an die eigenen Kinder, Angehörigen, Nachbarn oder Freunde weitergegeben werden …

Je zivilisierter wir sind, desto weniger Freiheit gibt es.
Krishnamurti

Wenn mehr Wissen nicht zu größerer Freiheit führt, dann deshalb, weil wir es oft mit den mehr oder weniger brillanten Gedankenspielen geschickter Wortjongleure, mittelmäßig gelehrter Besserwisser oder durchschnittlich begabter Denker zu tun haben.

Unsere Gesellschaft funktioniert oftmals nach dem Muster von Repression und Exklusion. Ausgeschlossen werden jene, die sich nicht an bestimmte Verhaltensregeln oder Normen halten. Und das Schlimmste ist, dass sich die Gesellschaft jenen gegenüber, die sich nicht fügen, repressiv verhält, indem sie diese Muster mit dem Imperativ »du sollst« durchsetzen will. Sie begrenzt den Handlungsspielraum des Einzelnen, verwehrt ihm nahezu vollständig jede kreative Freiheit und schafft eine Form normativen Wissens, das als das einzig wahre Wissen gilt und den Bürger funktionsfähig und manipulierbar macht.

Der Philosoph Michel Foucault widmete den Großteil seines Werkes der Aufgabe, diesen Institutionen und ihren Strategien die Maske herunterzureißen.

Mit nicht zu überbietender Klarheit legte er Beherrschungstaktiken und -strategien offen, welche die Gesellschaft auf uns ausübt, um dieses »du sollst« aufrechtzuerhalten.

Foucault sagt, dass gesellschaftlichen Beschränkungen immer der Kampf um die Macht zugrunde liege. Als Bürger üben wir Macht aus, sichern sie, weiten sie aus und perfektionieren sie. Der Mensch erduldet Macht und übt sie aus.

In seinem Buch *Überwachen und Strafe*[16] legt Foucault dar, wie die Gesellschaft Regeln aufstellt und jene bestraft, die sich nicht an sie halten. Während in der Antike der »Eigensinnige« ausgeschlossen worden sei, werde er nun durch Diskriminierung »diszipliniert«, innerhalb der Gesellschaft isoliert und gemäß der gesellschaftlichen Regeln (das, was »die Mehrheit« für richtig hält) »gerade gebogen«. Die Gesellschaft praktiziere quasi eine Art »Orthopädie« am irregeleiteten Individuum, das zu einem »aufrechten Menschen« gemacht werden solle.

Foucault fügt seinem Buch mehrere Stiche bei, darunter jenen von Andry, auf dem die Gesellschaft einen geraden Pfahl neben uns einschlägt, der das »du sollst« symbolisiert. Wir sind an dieses »du

16 Frankfurt am Main, Suhrkamp 1994.

sollst« gebunden, das uns daran hindert, uns frei zu entwickeln, das unsere Kreativität hemmt und uns davon abhält, durch Fehler zu lernen.

Andrys Pfahl symbolisiert die Normen, denen der Einzelne sich zu beugen hat, aber er erinnert auch daran, dass der Pfahl jederzeit wieder entfernt werden kann.

Das Problem ist, dass wir uns an das Festgebundensein gewöhnt haben und uns an den Pfahl anlehnen. Wir sind wie der »angekettete Elefant« aus der gleichnamigen Geschichte: Wir glauben, was einmal nicht gelang, könne nie gelingen, und finden uns damit ab.

Man könnte meinen, uns dieser Fesseln zu entledigen, setze ungeheure Kraft und eine genaue Kenntnis dessen voraus, wie die Strategien wirken, welche die Gesellschaft uns aufzuerlegen versucht. Aber jeder Mensch, der begreift, dass er in der Lage ist, NEIN zu Unterdrückung und Kontrolle zu sagen, kann sich von den Fesseln befreien, die ihn anbinden, und beginnen, seinen eigenen Weg zu gehen.

Diese Entscheidung ist der erste Schritt.

Sei deine eigene Insel, sei deine eigene Zuflucht.
Buddha

Die angebliche Nutzlosigkeit des Wissens

Bescheidene junge Menschen wachsen in Bibliotheken auf in dem Glauben, es sei ihre Pflicht, die Ansichten zu akzeptieren, die Cicero, Locke, Bacon vorgegeben haben, und vergessen darüber, dass Cicero, Locke und Bacon auch nur junge Menschen in Bibliotheken waren, als sie diese Bücher schrieben.

R. W. Emerson

Da wir nur allzu gerne das Praktische und Nützliche überbewerten, neigen wir dazu, die Tätigkeit des Denkens, die Philosophie oder die Meditation, geringzuschätzen. Wir haben tagtäglich mit Menschen zu tun, die alles, was nicht zu unmittelbar greifbaren Ergebnissen führt, für nutzlos halten und demzufolge diese Beschäftigungen als sinnlos und kulturell verzichtbar erachten. Wie viele von ihnen es überall auf der Welt gibt, zeigt sich auf vielerlei Weise:

– Da sind die Bildungsexperten, die beschließen, den Philosophie-, Soziologie- und Ethikunterricht in den offiziellen Lehrplänen für Schulen zu kürzen und einzuschränken. Diese besorgniserregende Tendenz ist ein deutlicher Ausdruck der weitverbreiteten Ansicht, dass die humanistischen Fächer verzichtbare Disziplinen seien.

– Einflussreiche Stimmen innerhalb der Gesellschaft fordern zunehmend eine höhere Wertschätzung und bessere Bezahlung von Technologie und Expertenwissen.
– Die Regierenden wollen Statistiker und Technokraten, Wirtschaftsexperten oder Demagogen, niemals aber Denker und schon gar nicht Weise … Wo sollten sie die auch suchen?
– Für die meisten ist die Philosophie überflüssig geworden und die Weisheit ein unzugängliches Terrain. Beide werden verdächtigt, dass sie nicht viel Bedeutendes beizutragen hätten.
– Viele kluge Köpfe und Philosophen verschließen, mit wenigen Ausnahmen, die Augen vor diesem Umstand. Sie erkennen nicht, wie wichtig ihr Beitrag ist, wo sie doch so viel zu sagen haben, und wie verheerend es wäre zu schweigen.

Hier ist Vorsicht geboten, denn wenn das Wissen weiter in Verruf gerät und der Wert kritischen Denkens geringgeschätzt wird, wird das, was zunächst eine Mode oder die Laune eines Machthabers ist, schon bald zu einer Ideologie werden, die Folgen für uns hat, ohne dass wir es merken. Eine Gesellschaft ohne Kritiker ist immer eine gefährdete Gesellschaft, ein Nährboden für Manipulation und Autoritarismus.

Oft habe ich das Gefühl, dass die Ideale vieler

Jugendlicher, die als individuelle oder kollektive Wahrheiten oder Werte erscheinen, in Wirklichkeit von den Kreativen der Werbeagenturen oder Musikproduzenten erdacht und vermittelt werden, um auf diesem ständig wachsenden Markt ihre Produkte zu verkaufen.

Um zu verstehen, warum wir alles ablehnen, was wir für sinnlos halten (selbst wenn dies zu Unrecht geschieht), erzählt uns die Mythologie die tragische Geschichte von Sisyphos.

Der Sisyphosmythos

Sisyphos, so heißt es bei Homer, war der Weiseste und Klügste aller Sterblichen. Allerdings lockte ihn immer wieder fremdes Eigentum, und er legte eine gewisse Neigung zu Täuschung und Betrug an den Tag. Als Sisyphos Statthalter von Korinth war, raubte Zeus, der Göttervater, die schöne Aigina.

Voller Sorge wegen ihres Verschwindens, machte sich der Vater des jungen Mädchens, der Wassergott Asopos, auf die Suche. Bei seiner Ankunft in Korinth erbot sich Sisyphos, Asopos zu verraten, was er über den Raub wusste, unter der Bedingung, dass dieser der Stadt Wasser gebe, denn dort herrschte eine Dürre, die das Leben der Bewohner bedrohte.

So erfuhr Asopos von Zeus' Missetat und konnte seine Tochter retten. Die Götter jedoch verdammten Sisyphos für seinen Verrat, und Zeus verurteilte ihn zum Tode.

Homer berichtet nun, wie es dem verschlagenen Sisyphos gelingt, Thanatos (also den Tod) in Ketten zu legen und so unsterblich zu werden.

Doch die Götter dulden es nicht, wenn sie von den Menschen herausgefordert werden. Vielleicht deshalb überwältigen sie Sisyphos erneut und entführen ihn in die Unterwelt, wo bereits seine Strafe auf ihn wartet. Eine exemplarische Strafe, damit keiner mehr auf den Gedanken komme, einem Gott zu schaden.

Sisyphos muss unablässig einen Felsblock einen steilen Hang hinaufrollen. Oben angekommen, rollt der Stein zu Tal, und Sisyphos muss von vorne beginnen.

Zeus hatte richtig gedacht, es konnte keine furchtbarere Strafe geben als eine sinnlose, hoffnungslose Aufgabe.

Stellen wir uns vor, wir wären Reporter in einer wundersamen mythologischen Nachrichtensendung und dazu auserwählt, die Mühen des Helden mit der Kamera zu dokumentieren.

Wir nähern uns also dem Berg in der Unterwelt. Da ist Sisyphos, halbnackt, das Gesicht vor Anstrengung verzerrt, die Arme angespannt, eine Schulter und das Gesicht gegen den Fels gepresst, der Fuß im

Schlamm versunken. Wir sehen die Anstrengung, die es seinen ganzen Körper kostet, den riesigen Felsbrocken nach oben zu rollen, wir sehen, wie er sich abmüht, den steilen Weg zu erklimmen, den er schon Hunderte Male zurückgelegt hat.

Am Ende dieser Filmeinstellung scheint er nach einer schier endlosen Zeit sein Ziel zu erreichen.

Sisyphos erblickt – und wir mit ihm – den Gipfel, den Ort, an dem er seinen Fels ablegen soll.

Doch er scheint am Ende seiner Kräfte zu sein.

Genau in diesem Moment, nicht früher und nicht später.

Er merkt, dass er nicht mehr kann …

Der Felsblock entgleitet seinen erschöpften, blutenden Händen, und der Held sieht mit an, wie der Stein innerhalb von Sekunden wieder in die Unterwelt hinunterrollt, von wo er ihn erneut heraufschaffen muss …

Kurz und gut: Sisyphos ist der Held des Absurden. Dank seiner Leidenschaft und dank seiner Qual. Seine Verachtung der Götter, sein Hass gegen den Tod und seine Liebe zum Leben haben ihm die unsagbare Marter aufgewogen, bei der sein ganzes Sein sich abmüht und nichts zustande bringt.

[…] Dieser Mythos ist tragisch, weil sein Held bewusst ist. Worin bestünde tatsächlich seine Strafe, wenn ihm bei jedem Schritt die Hoffnung auf Erfolg

neue Kräfte gäbe? Heutzutage arbeitet der Werktätige sein Leben lang unter gleichen Bedingungen, und sein Schicksal ist genauso absurd. Tragisch ist es aber nur in den wenigen Augenblicken, in denen der Arbeiter bewusst wird. Sisyphos, der ohnmächtige und rebellische Prolet der Götter, kennt das ganze Ausmaß seiner unseligen Lage: über sie denkt er während des Abstiegs nach.

Albert Camus[17]

Camus zufolge besteht das Schreckliche der Strafe nicht unbedingt darin, dass sie ewig währt, nicht in der furchtbaren Anstrengung, die sie ihm abverlangt, oder in der Willkür und Sinnlosigkeit der Aufgabe, sondern im Bewusstsein der Sinnlosigkeit seiner Anstrengung.

Kehren wir nun wieder zu unserem Thema, der Weisheit, zurück.

Nach Weisheit zu streben und daran zu denken, dass es eine beschwerliche Aufgabe ist, eine Anstrengung, die zu keinem wesentlichen Ergebnis führt, hat immer den Geschmack des Ungerechtfertigten und Sinnlosen.

---

17 A. Camus, *Der Mythos von Sisyphos.* Übers. Hans Georg Brenner und Wolfdietrich Rasch.

Ob die Weisheit je zu etwas nutze ist?

Das Problem beginnt vorher. Es beginnt mit der Frage, was wir als nützlich bezeichnen.

Etwas ist eindeutig nützlich, wenn es dazu dient, ein Ziel zu erreichen; wenn sich sein Wert aus den praktischen Ergebnissen ableiten lässt und seine Nutzung diesen untergeordnet ist. In diesem (instrumentalisierten) Sinn ist alles Nützliche per definitionem durch etwas anderes ersetzbar, das dieselbe Funktion erfüllt. Ich kann auf einen Hammer verzichten und stattdessen einen Stein nehmen; ich kann auf einen Kompass verzichten und mich stattdessen an den Sternen oder dem Lauf der Sonne orientieren.

Zweckgerichtete Handlungen vermehren unser Haben. Durch sie erreichen wir etwas, sei es materiell oder immateriell, und entwickeln unsere körperlichen und geistigen Fähigkeiten weiter. Aber nichts, was sich nicht selbst genügt, das nicht einen Sinn in sich selbst hat, kann unsere tiefsten Bedürfnisse befriedigen.

Es gibt einen Nutzen, der über den instrumentalisierten Nutzen hinausgeht: Der Fachbegriff dafür heißt »intrinsisch«. Damit ist der innerliche Nutzen von Dingen, Zuständen oder Handlungen gemeint, die ihr Ziel in sich selbst haben, deren Nutzen darin besteht, zu sein.

Schönheit betrachten,
spielen,
lernen,
lieben,
schöpferisch sein,
träumen …

… sind Tätigkeiten und Zustände, die diese andere Art von »Nutzen« besitzen. Und zu diesen Dingen gehört auch die Suche nach Weisheit.

Die Suche nach der Wahrheit hat keinen extrinsischen Nutzen und ist doch alles andere als nutzlos. Das Streben nach Wissen ist ein Impuls, der unserer menschlichen Natur innewohnt und untrennbar mit dieser verbunden ist. Jeder Mensch hegt in seinem tiefsten Inneren den Wunsch zu sehen und zu verstehen; für keinen von uns ist Blindheit, Unwissenheit oder Selbsttäuschung ein erstrebenswerter Zustand.

Jemand, der etwas zutiefst Schönes bewundert, weiß, dass das Betrachten dieser Schönheit ein kostbarer Schatz ist; er braucht niemanden, der ihm den Wert oder den Nutzen seines Erlebnisses taxiert oder bestätigt.

Jean Cocteau sagte einmal:

Ich weiß, dass die Poesie unverzichtbar ist.
Ich weiß nur nicht, wofür.

Der Mensch hat ein tiefes Verlangen nach Sinn. Wer aber lebt und handelt wie Sisyphos, wird letztendlich stagnieren und der tiefsten existentiellen Leere anheimfallen, obwohl er durchaus in der Lage wäre, aus allem einen Nutzen oder Sinn zu ziehen.

Der Sisyphosmythos scheint uns zu sagen, dass Handlungen, die nur auf einen Nutzen abzielen, am Ende unseren Geist dahinwelken lassen, selbst wenn sie erfolgreich sind.[18]

Anders als Sisyphos verschreibt sich der Weise uneigennützig der Wahrheit und gibt sich ganz der Suche nach dem Schlüssel unserer Existenz hin.

Der Weise sucht nach der Wahrheit um ihrer selbst willen, nicht wegen eines möglichen Vorteils (die Wahrheit wird traditionell als unbekleidete Frau dargestellt, die nichts anzubieten hat als sich selbst).

---

18 Aber er legt auch nahe – warum es nicht aussprechen? –, dass die Unsterblichkeit letztendlich aus *allem* Tun eine nutzlose, sinnlose Anstrengung machen könnte, die Ausgrenzung, Zerstörung und Chaos nach sich zieht.

In ihrer Mehrheit vertreten die Humanisten die Ansicht, ein grundlegendes Merkmal des Wissens sei sein Selbstzweck und deswegen sei das Wissen nicht an seinem Potential zu messen. Wir würden lügen, wenn wir sagen, dass eines der Ziele der Weisheit unser innerer Wandel sei. Das Ziel der Weisheit ist es, zu wissen. Und wenn auf der Suche nach ihr ein Wandel stattfindet, bedeutet das nicht, dass die Weisheit das Mittel zum Zweck wäre, um diesen Wandel zu erreichen. Würden wir von ihr Ergebnisse verlangen, würde die Weisheit von diesen abhängig sein.[19]

Wenn wir die Fortschritte eines Athleten beurteilen wollen, fragen wir ihn nicht nach den Gewichten, die er hebt, sondern nach dem Zustand seiner Muskeln. Genauso ist es, wenn wir wissen wollen, ob jemand ein wahrer Weiser ist. Es dient uns nicht, wenn er uns zeigt, was er gelernt hat, sein Maß an Gelehrsamkeit, sein geistiges Haben. *Vielmehr geht es um das, was er aus sich selbst heraus* erkannt hat, *was von ihm ausgeht, die Art und Weise, wie er* lebt und handelt.

Epiktet

19 Wir haben bereits gesehen, dass eine selbstreferentielle, hermetische Weisheit, die in den Händen einiger weniger Spezialisten liegt, zu einem »Orchideenfach« würde (so wie es der Philosophie erging), die sich in den Dienst von Ausgrenzung, Zerstörung und Chaos stellt.

Wie merken wir, ob wir uns auf dem Weg zu Wahrheit und Weisheit befinden?

Fast alle, die sie gefunden haben, berichten uns von denselben Erlebnissen:

Die Entdeckung eines absoluten inneren Friedens.

Das Eintreten einer tiefen Veränderung, die weder gesucht noch erwartet wurde.

Der Pegel unseres Bewusstseins steigt stetig.

Das Gefühl des Einsseins, das die jeweilige Person durchdringt.

Merkliche Zunahme der Freude.

Ich bin kein Weiser und werde es vielleicht niemals sein, aber ich widme meine Zeit und meine Energie der Aufgabe, andere in ihrem Wunsch zu unterstützen und ihnen die Kraft zu geben, zu Weisen zu werden.

Ich sage immer, dass ich kein Psychotherapeut bin, weil ich nicht mehr als Arzt und schon gar nicht als Psychiater arbeite. Ich bin jemand, der Hilfestellung gibt, der vor langer Zeit beschlossen hat, Gelerntes zu teilen, um denen die Aufgabe leichter zu machen, die danach kommen.

Dabei gebe ich mein Bestes, auch wenn es sicherlich nicht das Beste ist, was man geben könnte. Aber ich bitte um Verständnis: Ich arbeite mit meinen eigenen Einschränkungen, und das sind nicht wenige.

Ich versuche bei jeder Person, mit der ich beruflich zu tun habe, den Wunsch nach einem gesünderen, erfüllteren, weiseren Leben zu erwecken.

Ich bin kein religiöser Mensch. Ich bin kein Heiliger. Ich bin kein Mystiker und nicht einmal besonders spirituell. Aber ich bemühe mich seit Jahren an jedem Tag, der Weisheit jener näher zu kommen, die wirklich weise sind, und, wenn ich kann, denen zu helfen, die ebenfalls auf diesem Weg sind.

Meine einzige Strategie besteht darin, dir einen liebevollen Anstoß zu geben …

… weniger abhängig zu sein

… freier zu sein

… dich selbst mehr zu lieben

… dich für das zu entscheiden, was deinem wahren Wesen entspricht.

DRITTES KAPITEL

Die Unwissenheit

Ein Unwissender ist jemand,
der nicht einmal weiß,
dass er nichts weiß.

In einem fernen märchenhaften Land gab es einmal eine Bahnstation namens Ignorantia.

Es war weniger eine Bahnstation als vielmehr der Ausgangspunkt eines Zuges, der hin und wieder einem unbestimmten Ziel entgegenfuhr, ohne je von dort zurückzukehren.

Im Umkreis des alten Gebäudes, das neben dem Bahnsteig stand, lag die gleichnamige Stadt. Sie war mit ihrer Bevölkerung immer weiter gewachsen. Ihre Bewohner waren in der Regel freundlich, herzlich und einfach: die Ignoranten.

Die Ignoranten besaßen eine besondere Eigenschaft, die sie einzigartig machte und sie von ihren Nachbarn, den Bewohnern von Nec, unterschied. Die Ignoranten wussten nicht, dass sie nichts wussten.

Obwohl es für jeden Besucher offensichtlich war, was sie alles nicht wussten, merkten die Einheimischen es einfach nicht. Es war keine Verbohrtheit, keine Überheblichkeit; sie hatten einfach keine Ahnung.

Wenn man einen Einheimischen fragte: »Weißt du,

wie viel zwei plus zwei ist?«, antwortete er mit einem Lächeln: »Nein, weiß ich nicht.«

»Du weißt nicht, wie viel zwei plus zwei ist?«, lautete die ungläubige Nachfrage.

»Nein«, beteuerte der Einheimische, um dann mild zu erklären: »Ich weiß nicht, ob ich es weiß.«

Der gleiche Dialog wiederholte sich, wenn man nach Trigonometrie, Literatur oder etruskischer Geschichte fragte.

Eines Tages kam ein Besucher mit einem außergewöhnlichen Vorhaben in die Stadt: Er wollte die Ignoranten von ihrer Unwissenheit befreien. Er hatte ein kleines Podest dabei, um auf dem Platz zu ihnen zu sprechen. Als er sah, dass sich eine beträchtliche Menge versammelt hatte, nahm er ein Megaphon zur Hand und lud alle, die endlich ihre Unwissenheit ablegen wollten, ein, am nächsten Morgen zur Bahnstation zu kommen.

Es war ein netter Vortrag, aber niemand folgte der Einladung. Der Mann, der nicht verstand, was passiert war, ging zu den Leuten und fragte sie:

»Warum seid ihr nicht gekommen?«

»Warum sollten wir von hier fortgehen, wenn es uns doch gutgeht?«

»Warum?«, sagte der Mann. »Um nicht länger unwissend zu bleiben.«

Die Ignoranten verstanden die Denkweise des Mannes nicht: Den Ort zu verlassen, an dem sie geboren waren, nur um den Ort zu verlassen, an dem sie geboren waren, erschien ihnen merkwürdig. Aber sie waren keineswegs böse auf den Besucher; sie zuckten mit den Schultern und ignorierten ihn dann einfach.

Wahrscheinlich war er es, der die Regierung bat, eine Delegation des Erziehungsministeriums zu entsenden, um eine Bildungskampagne zu starten.

Überall in der Stadt wurden Stände mit Lautsprechern aufgestellt, durch die Sprecher und Sprecherinnen die Einwohner mit schmeichelnder Stimme aufforderten, ihrer Stadt den Rücken zu kehren. Da draußen gebe es eine bessere Welt, sagten sie, die Welt des Wissens, der Bildung und der geistigen Entwicklung. Sie versprachen ihnen höhere Löhne und größere Chancen.

Die Ignoranten zuckten weiter mit den Schultern.

Die Funktionäre fragten einen nach dem anderen:

»Willst du denn nicht mehr wissen?«

»Ich weiß nicht …«, antworteten sie. »Ich weiß nicht, ob ich das will.«

Die Stände blieben einen Monat stehen. Die entsandten Funktionäre druckten Flugblätter, beleuchteten die Straßen, organisierten Festivals und drehten die Lautsprecher auf. Aber es war zwecklos: Keiner wusste, ob er in den Zug steigen wollte, und deswegen tat es auch keiner.

Eines Morgens reisten die Funktionäre ohne Vorankündigung ab. Sie hinterließen schmutzige Straßen, und an den Kreuzungen blieben die leeren Stände zurück, die den Fußgängerverkehr behinderten. Da die Einheimischen nicht wussten, wie man sie abbaute, stellten sie diese irgendwo ab und beachteten sie nach einer Weile gar nicht mehr.

Drei Wochen später traf seine Exzellenz, der Erziehungsminister persönlich, mit einem Gefolge von Leibwächtern und noch mehr Funktionären (diese in schwarzen Anzügen und mit Krawatte) in der Stadt ein.

Ohne mit den Bewohnern zu sprechen, gingen der Minister und seine Berater einen Nachmittag lang durch die Straßen der Stadt und verfassten dann einen Bericht an den Regierungschef. Darin schilderten sie die ernste Lage in diesem Ort von Ignoranten und erbaten die Erlaubnis, mit dem nötigen Einsatz vorzugehen, um das Problem zu beheben.

Der Regierungschef (der ganz vergessen hatte, dass er ebenfalls in Ignorantia geboren war) antwortete unverzüglich und genehmigte den »Plan zur Alphabetisierung der Ignoranten«, den das Ministerium planen und durchführen sollte.

Der Minister erließ ein »Notgesetz zur Wissenserwerbung« und verordnete, dass es verpflichtend sei, nicht länger unwissend zu bleiben.

Er bat die Armee und die Hundestaffel der Polizei um Unterstützung und ließ eine alphabetische Liste der Einwohner erstellen, nach der die Ignoranten im Alphabetisierungsbüro erscheinen sollten, um den Termin zu erfahren, an dem sie Ignorantia endgültig verlassen sollten.

Niemand kam.

Vielleicht war es die Abneigung gegen jegliche Veränderung (für die es keine große Bildung braucht); wahrscheinlicher aber ist, dass die meisten Einwohner nicht lesen konnten und deswegen gar nicht wussten, mit welchem Buchstaben ihr Name anfing, und schon gar nicht, an welchem Tag sie sich einzufinden hatten.

Die Repression, die nun folgte, war ebenso brutal wie sinnlos. Die wenigen, die verhaftet, eingesperrt und dann in die Schulen der Nachbarstadt geschickt wurden, kamen nie an ihrem Ziel an. Die misshandelten, geprügelten Ignoranten suchten das Weite, wenn man versuchte, sie zum Einsteigen zu zwingen, oder sprangen aus dem fahrenden Zug.

Das Projekt war endgültig gescheitert, als eine Gruppe ausländischer Regierungsgegner eine Bombe in den Büros des Ministers hochgehen ließ. Am nächsten Tag packte die Delegation ihre Sachen zusammen und reiste ab.

Bevor er die Tür der Limousine schloss, die ihn nach Nec bringen sollte, rief der Minister, an die Menge gerichtet:

»Ihr Ignoranten!«

Und die Leute jubelten, weil sie dachten, es wäre einfach nur ein Abschiedsgruß …

Es gab eine große Untersuchung wegen des Attentats, aber wie zu erwarten, wusste keiner der Einwohner, wer für den Zwischenfall verantwortlich sein könnte.

Es verging eine lange Zeit, bis in Ignorantia wieder jemand von Bildung sprach. Eines Tages kam ein Lehrmeister in die Stadt.

Er war ein wirklicher Lehrmeister, ein wahrer Weiser, und so war ihm schon bald klar, was hier los war: Weshalb sollten diese Menschen etwas lernen wollen, wenn sie nicht einmal wussten, dass sie nichts wussten? Wie konnte man in den Ministerien glauben, dass man jemandem helfen könne, indem man ihn zum Lernen zwang?

Der Lehrmeister blieb eine Weile bei den Ignoranten. Viele nahmen ihn gar nicht wahr, andere misstrauten ihm, wieder andere begannen, sich über seine Gesellschaft zu freuen. Jeden Morgen ging der Fremde mit einem Haufen bunter Bälle auf den Platz und schenkte sie den Kindern, die zu ihm kamen. Während die Kinder spielten, plauderte der Lehrmeister mit den Eltern,

Großeltern oder denen, die auf die Kinder aufpassten. Eine dieser Babysitterinnen wurde nach einer Weile seine erste Reisebegleiterin.

»Warum machst du das?«, hatte sie gefragt.

»Warum mache ich was?«, fragte der Lehrmeister zurück. »Ach so, das. Ich denke, weil ich etwas teilen möchte, das ich besitze. Ein wenig Wissen.«

»Was ist das?«

»Weißt du das nicht?«

»Ich weiß nicht …«

»Sagen wir, es ist etwas, das mir sehr oft geholfen hat. Und das auch dir helfen würde …«, setzte er nach einer Pause hinzu.

»Mir?«

»Ja. Dir und jedem anderen.«

»Warum erzählst du es dann nur mir?«

»Weil du mir wichtig bist«, antwortete der Lehrmeister aufrichtig.

»Ist das die Liebe, von der du so viel sprichst? Die Liebe, die, wie du sagst, so viel bewirkt?«

»Ja. Das ist die Liebe.«

»Warum sollte ich dir glauben? Ich weiß nicht, ob es gut für mich ist zu lernen.«

»Nein, das weißt du nicht. Aber du spürst, dass ich ein Interesse daran habe, dass es dir gutgeht, nicht wahr?«

»Ja, das spüre ich in meinem Inneren.«

»Dann wirst du eines Tages zum Zug kommen und mit mir einsteigen, einfach deshalb, weil ich dich einlade und weil du weißt, dass ich nur dein Bestes will.«

An dem Tag, als Marta mit dem Lehrmeister in den Zug stieg, tat sie das tatsächlich viel mehr im Vertrauen auf ihn als aus eigenem Antrieb. Er hatte ihr gesagt, wenn sie in den Zug steige, würde sie nie mehr in Ignorantia leben wollen, und das hatte sie wirklich beunruhigt.

»Herzlich willkommen, Shimriti«, begrüßte sie der Lehrmeister.

»Warum nennst du mich so?«, fragte Marta.

»Wenn du dich darauf einlässt, diese Reise zu beginnen, wird dies dein neuer Name sein.«

Der Traum des Unwissenden

> *Nicht zu sehen vermag ich im Finsteren, nicht weiß ich, was dort ist. Da ist etwas, doch ich sehe es nicht. Die Menschen der Finsternis lieben den Schlaf, sie wachen nicht gern. Unwissend leben sie, ohne Blick, geleitet von dem, was die anderen sagen.*

Nietzsche zufolge erinnern ihn die Unwissenden, die alles Vergangene in sich aufnehmen und in ihrem

Körper tragen, an Kamele. So wie das genügsame Tier gewaltige Nahrungs- und Wassermengen für seine beschwerliche Reise durch die Wüste speichert, so muss der Mensch zunächst Sitten und Verhaltensweisen speichern, sich mit den Regeln vertraut machen und Gewohntes wiederholen.

Wir alle beginnen als Kamele.

Alles beginnt immer wieder mit uns Unwissenden, die wir nicht einmal um unsere Unwissenheit wissen.

In dieser Phase haben wir genug damit zu tun, Dinge aufzunehmen. Das ist das Einzige, was wir tun können.

Und um die Vergangenheit in sich aufzunehmen, muss man sie nicht notwendigerweise begreifen oder lernen, einen Nutzen aus ihr zu ziehen. Am Anfang lernen wir nichts aus ihr und ziehen keinerlei Nutzen aus ihr …

Einen Nutzen aus der Vergangenheit zu ziehen würde bedeuten, über diese Regeln und Gewohnheiten ein Werturteil abzugeben, etwas, wozu wir in unserer Unwissenheit nicht imstande sind.

Wie gesagt, jeder hat einmal als Ignorant begonnen.

Als Jasager …

der alles als gegeben hinnimmt …

der alles schluckt …
zu Boden sieht …
und immer weitermacht, ganz gleich, was passiert …
Der klaglos alles auf sich nimmt …
und tut, was die anderen von ihm erwarten.

Doch das ist erst der Anfang des Weges.

Solange wir Ignoranten bleiben, verwahren wir für die Reise durch die Wüste jede erhaltene Information sorgfältig in unseren Taschen. Wir können die Vergangenheit mitnehmen, können sie aber nicht als Wissen nutzen, weil wir nicht in der Lage sind, die Informationen zu verarbeiten, die wir von außen erhalten.

In unserer Trägheit wissen wir nichts davon, uns zu verweigern.

Der Moment wird kommen, in dem wir mit einer gewissen Freude nein sagen können, doch fürs Erste haben wir nur unser Ja.

Ein Ja, das nicht einmal sehr tief geht, denn ohne das Nein kann das Ja niemals tiefgreifend sein; es ist immer schwach und ein wenig oberflächlich. Wir sagen ja, weil man es von uns erwartet. Es ist das, was die Gesellschaft uns beigebracht hat; es ist das Ja dessen, der sich den Anordnungen eines Herrn unterwirft. Jetzt können wir nachvollziehen, wie es Adam ging, bevor er vom Baum der Erkenntnis aß: Er konnte nur ja sagen.

Gehorsam und blindes Vertrauen sind für den Unwissenden die einzige Möglichkeit, belohnt zu werden.[20]

Wir Ignoranten lieben den Frieden, wir wollen nicht gestört werden. Wir wollen nicht, dass sich etwas verändert, weil alles Neue lästig oder zumindest beunruhigend ist.

Solange wir in Ignorantia leben, sind wir gegen jede Veränderung. Es erscheint uns gefährlich und schwierig, Neues auszuprobieren, denn das würde bedeuten, uns der Angst zu stellen und kreativ zu sein.

Für beides müsste man aktiv werden und Unannehmlichkeiten in Kauf nehmen. Und das für Resultate, die wir aufgrund unseres Nicht-Wissens nicht vorhersehen können. Das heißt nicht, dass wir uns gut dabei fühlen, nichts zu tun oder immer ja zu sagen, aber es ist bequem, und das ist in jedem Fall wesentlich angenehmer, als Risiken einzugehen.

Ein Ignorant ist immer ein Sklave der Vergangenheit, ein Diener der Macht, ein Kamel, das von dem ge-

---

20 Das soll keineswegs heißen, dass sich Gehorsam und Vertrauen auf die Unwissenden beschränkt.

lenkt wird, der es reitet. Das Einzige, was er besitzt, ist ein Gedächtnis.

Ein Abhängiger handelt im Einklang mit dem Paket an Überzeugungen, die andere ihm mitgegeben haben. In dieser ersten Phase, der Phase des Ignoranten, gibt es nur Ohnmacht und Abhängigkeit, weil es immer jemanden gibt, der wichtiger ist als man selbst, jemanden, auf den man achtgeben muss und dem man Priorität einräumt. Vater, Mutter, Schule, Religion, Gesellschaft oder Institutionen, sie alle verkörpern das *so sein müssen*, und sie werden dich erst dann in Ruhe lassen, wenn du ein »erfolgreicher Ignorant« geworden bist. Wenn du ein vollkommener Ignorant bist, braucht die Gesellschaft nichts mehr zu tun. An diesem Punkt der Perfektion endet die Aufgabe der Gesellschaft, der Schule, der Universität.

Du bist ein Star-Ignorant geworden, mit Titel und allem, so wie ich einmal einer war. Zuweilen berühmt und mit Renommee, zuweilen mit Geld und Einfluss, oft mit scheinbarer Macht ausgestattet, die in Wirklichkeit jedoch der Widerhall anderer Mächtiger ist, die hinter deinem Rücken die Strippen ziehen (auch wenn es dich zu diesem Zeitpunkt nicht stört, weil du es nicht merkst).

Die Abhängigkeit der Ignoranten

Wer in Unwissenheit lebt, entwickelt instinktiv zwei Formen der Abhängigkeit: Die eine resultiert daraus, dass man zu anderen aufschaut und sie bewundert, die zweite ist die des Pseudohauptdarstellers, der auf den Blick der anderen angewiesen ist, um zu sein.

Während einer langen Phase deines Lebens sind sämtliche Menschen in deinem Umfeld für dich nichts anderes als Zeugen deines Handelns. Du bist dir ständig bewusst, dass sie dich beobachten und dich analysieren, du spürst, dass sie dich beurteilen, und daher rührt die Angst. Dass dich so viele Augen beobachten, reduziert dich auf ein Objekt.[21]

Das Subjekt ist das, was sich darunter befindet, im Inneren, das, was sich hinter der äußeren Schale verbirgt, das Verborgene hinter dem Offensichtlichen.

Ein Block aus Granit oder Eisen ist nichts weiter als ein Gegenstand, ein Objekt, in dessen Innerem

---

21 Als Schauspieler, Sänger oder Redner hast du diese Panik, bevor du vor Publikum trittst. Diese Angst trifft nicht nur Anfänger, sondern auch jene, die schon ein Leben lang auf der Bühne stehen. Bevor du die Bühne betrittst, überkommt dich das große Zittern, diese Angst, ob du auch diesmal bestehen wirst oder nicht.

sich nichts anderes als Eisen oder Granit befindet. Ein Subjekt ist es erst dann, wenn sich unter der Oberfläche etwas Inneres verbirgt.

Die Unwissenden sind frei von Subjektivität. Ihr Inneres ist genauso wie ihr Äußeres. Fürs Erste ist der Ignorant in gewisser Weise ein Objekt, ein Ding.

Ein Objekt, noch dazu voller Ängste und Zweifel.

Womöglich schätzen ihn die anderen nicht wert genug, schmeicheln seinem Ego nicht. Vielleicht gefällt er ihnen nicht, vielleicht weisen sie ihn zurück. Er ist von ihnen abhängig, ein Sklave, der sich so verhalten muss, dass er ihre Wertschätzung gewinnt. Er muss dem Ego der anderen schmeicheln, in der Hoffnung, dass sie im Gegenzug das seine stärken.

Mit einmal ist er einer von denen, die für die anderen leben, weil er sich nur dann erfüllt fühlt, wenn die anderen mit ihm zufrieden sind.

Er macht in einem fort Zugeständnisse und verkauft seine Seele, mit einem einzigen Ziel: dass sein Ego gestärkt werde und er berühmt und beliebt sei.

Ignoranten sind Pseudohauptdarsteller, die vom Blick des anderen abhängig sind.

Sie sind fröhlich, aber nicht glücklich. Jemand sieht sie an, sie werden gefilmt, später wird sie jemand anschauen …

Jegliche Lockerheit und Entspannung ist dahin. Sie sind von ihren Beobachtern abhängig.

Es gibt Religionen, die auf unwissende Gläubige angewiesen sind. Sie haben große Ängste unter den Menschen ausgesät, und das keinesfalls »unabsichtlich«. Sie haben das Bild eines Gottes geschaffen, der den Menschen ständig überwacht, Tag für Tag, Nacht für Nacht. Mag sein, dass du schläfst, doch er schläft nicht; er sitzt an deinem Bett und wacht über dich. Und nicht nur über dich, sondern auch über deine Träume und Gedanken.

Nicht nur für deine Taten kannst du bis in alle Ewigkeit verdammt werden, sondern auch für deine Träume, deine Wünsche, deine Gedanken, selbst für deine intimsten Gefühle.[22]

Man gestattet dir keinen Moment der Privatheit, in dem du völlig unbeobachtet du selbst sein kannst.

Falls man vorhat, die Menschen auf Objekte zu reduzieren, handelt es sich dabei um eine ganz hervorragende Strategie. Besonders dann, wenn die zukünftigen Opfer zum Vorteil einiger weniger manipuliert werden *wollen.*

Eine für Ignoranten geschaffene Religion würde uns lehren, dass der eigene spontane Geist ein schlechter Ratgeber ist. Sie würde uns von klein auf eintrich-

---

22 Schon der Gedanke an den Entwurf eines Gefängnis- und Überwachungskonzepts namens *Panoptikum* lässt mich schaudern.

tern, dass Gehorsam gegenüber einer externen Autorität die Garantie dafür ist, dass man auf dem rechten Weg bleibt. Sie würde uns erklären, dass wir den göttlichen Willen einzig und allein durch jene erfahren können, die behaupten, seine Mittler zu sein, und dass festgelegte Lehren buchstabengetreu zu erfüllen seien, auch wenn sie nicht zu unseren unmittelbaren Erfahrungen in Beziehung gesetzt wurden und werden. Wenn wir uns nicht widerspruchslos in sie fügen, ist dies der Beweis dafür, dass es uns an Glauben oder Demut mangelt und wir es deshalb verdient haben, Opfer des göttlichen Zorns oder der Verdammung durch den gerade aktuellen falschen Propheten zu werden.

Diese skrupellosen Methoden werden in unserer Gesellschaft eingesetzt, um die Naiven, die Träumer, die Idealisten, die Unreifen oder Schwachen im Geiste anzuziehen und aus ihnen ohne großen Aufwand fügsame Herdentiere zu machen, die kein Selbstwertgefühl besitzen und wunderbar zu manipulieren sind. Denn wer sich unterlegen fühlt, Angst hat oder um Anerkennung betteln muss, wird sich zum Sklaven machen, damit man ihm von außen die psychische Sicherheit gibt, die ihm selbst abhandengekommen ist.

Das alles kann ein für die Gesellschaft äußerst gefährliches Niveau erreichen: unwissende, benutzbare

Sklavengeister, die als tugendhafte, erleuchtete Diener einer edlen höheren Sache dargestellt werden. Eine nicht als solche erkannte Sklaverei, die sich als Demut, Überzeugung, blinder Glaube, Pflichtgefühl oder Gemeinsinn tarnt (um Soldaten für die gute Sache zu gewinnen, die bereit sind, für eine tugendhafte Welt zu töten und zu zerstören).

Im Bereich der Bildung sieht es oft nicht anders aus. Da wird der Schüler ausgezeichnet und gelobt, der am besten nachbetet, was seine Lehrer hören wollen. Im schlimmsten Fall kann das dazu führen, dass ein Schüler glaubt, es anderen recht zu machen, sei die höchste aller Tugenden, und Nachplappern sei ein Zeichen von Intelligenz.

Es ist diese Haltung, die dazu führt, dass ein Mensch zum unselbständigen Nachahmer derjenigen wird, die uns vorschreiben wollen, was man der gerade angesagten Theorie zufolge zu tun, zu fühlen und zu denken hat.

Der Weise hingegen vertritt keine Theorie, weil er nicht daran glaubt, dass sich die Wirklichkeit in Formeln oder Ideen fassen lässt. Für ihn ist Wahrheit nichts, das sich besitzen lässt. Er sagt einfach nur aufrichtig, was er denkt, oder behält genauso aufrichtig für sich, was er nicht sagen will.

Die Identität aufgeben

Viele Jahre meines beruflichen Lebens vertrat ich vehement die Ansicht, dass es ein Unterscheid sei, ob jemand nur ein **Individuum** oder aber eine **Persönlichkeit** ist. Damals setzte ich den Begriff »Persönlichkeit« mit der eigentlichen Identität in Verbindung und behauptete, diese sei deckungsgleich mit dem Selbst. Vor fünf Jahren begann ich diese Denkweise in Frage zu stellen, zunächst in semantischer Hinsicht. Alles begann mit John Welwood, den ich las, als ich gemeinsam mit Silvia Salinas an dem Buch *Liebe mit offenen Augen* arbeitete. Bei ihm begegnete mir zum ersten Mal die Vorstellung von der Identität als perverser Konditionierung. Für Welwood ist Identität das Statische einer Persönlichkeit, unflexibles Verhalten, die Tatsache, dass man immer derselbe ist und einem Schema entspricht, das sich der Erziehung und nicht der Entwicklung verdankt.

Ich begann »Identität« mit dem verwandten Begriff der »Identifikation« zu verbinden und diesen mit der Vorstellung, einem bestimmten Vorbild entsprechen zu sollen. Damals merkte ich, dass meine hehre Vorstellung – Persönlichkeit gleich Identität – zusammenbrach. Heute stellt dieses Modell für mich das genaue Gegenteil der Vielschichtigkeit und Dynamik eines gesunden Menschen dar.

Identität, wie ich sie heute verstehe, ist in gewisser Weise das, was unsere Epoche von Ignoranten aus uns macht, und paradoxerweise auch das Sinnbild unseres Kerkers.

Ignoranz bietet nicht viele Vorteile, unter anderen das Recht, eine klar definierte Identität zu besitzen.

Der Begriff der Identität gefällt mir nicht mehr, weil er so gesehen nicht das Ergebnis einer inneren Entwicklung ist, sondern im Endeffekt ein Cocktail aus Introjektionen und Vorschriften, die andere für mich entworfen haben. Meine Identität ist das dressierte Ich, sie ist Adam vor der Vertreibung aus dem Paradies, sie ist der Zirkusaffe, der etwas tut, was er eigentlich nicht tun will, um dem zu gefallen, der ihn füttert.

Meine Identität ist das Produkt meines um Anerkennung bettelnden Verhaltens und nicht das Resultat meiner Entwicklung hin zu mir selbst.

Wenn du alleine bist, wirklich alleine, in einem Boot auf einem See, auf einem Berggipfel oder in einem Wald, bist du nach wie vor ein Individuum, natürlich, aber deine Identität? Deine Identität hat aufgehört zu existieren. Wer bist du? Was hast du? Womit beschäftigst du dich? Da ist keiner, der dich loben oder verurteilen könnte, keiner, der dir applaudiert oder dich ausbuht. Da ist niemand, außer dir selbst.

Wer bist du in deiner völligen Einsamkeit? Eine bedeutende Persönlichkeit oder einfach nur ein Nichts?

In deiner Einsamkeit bist du keins von beidem.

Um entweder das eine oder das andere zu sein, um dich zu vergleichen, brauchst du die Augen des anderen.

Alleine bist du weder das eine noch das andere.

Du bist, aber du bist nicht das, was andere in dir sehen.

Du bist einfach.

Der Ignorant kämpft und müht sich ab, um seine Identität zu bestätigen. Er ist auf einen anderen angewiesen, der ihn konditioniert, der ihm Anweisungen gibt, der ihm ab und zu etwas Nettes sagt, der ihn definiert.

Ein Ignorant begegnet auf der Straße einem Bekannten.

Der andere sagt:

»Wie geht's?«

Und der Ignorant antwortet:

»Ja, wie geht's mir denn?«

Der andere hat deine Augen, der andere weiß, wie es dir geht, der andere sagt dir, was zu tun ist und gibt dir Anerkennung, wenn du es gut machst. Und wenn du Aufmerksamkeit und Fürsorge willst, wirst du dafür zahlen müssen.

Je mehr Aufmerksamkeit du verlangst, desto mehr musst du dem Bild entsprechen, das andere in dir sehen wollen.

Je abhängiger du bist, desto mehr wirst du zu einer Sache, die man kaufen und verkaufen kann.

Wenn du die Bewunderung und das Lob der Mehrheit willst, musst du dein Fähnchen nach dem Wind hängen. Du musst dich der Gesellschaft und ihren Ansprüchen beugen. Du musst nach den verlogenen Werten jener Mehrheit leben, deren Applaus du dir erhoffst.

In der Bewunderung, so Ambrose Bierce, liegt die Bestätigung, dass der andere einem ähnlich ist. Wenn du auf die Wertschätzung und Anerkennung der anderen angewiesen bist, musst du wie alle anderen denken – selbst wenn sie gar nichts denken.

Wenn du intelligent genug bist, besteht die Möglichkeit, dass du zu einem Heiligen wirst, einer, zu dem man aufschaut. Ein Vorbild, eine Ikone. Das ist bei Hunderten von Menschen der Fall, die du achtest; sie haben alles geopfert, sich gequält, sich umgebracht, aber sie haben etwas gewonnen: die Bewunderung der Menschen.

Wenn das, wonach du strebst, Bewunderung, Respekt, kultische Verehrung und Applaus ist, wirst du immer schablonenhafter werden, immer künstlicher.

Wenn dann jemand neben dir ausruft: »Was für eine herrliche Blume! Sieht aus wie aus Plastik!«, wirst du, wenn du dich sehr, wirklich sehr anstrengst, die schönste Blume auf diesem Planeten werden. Aber du wirst aus Plastik sein.

Man hat dir Werte vermittelt, die keine wahren Werte sind. Man hat dir etwas beigebracht, das im Grunde Gift ist. Zum Beispiel hat man dir beigebracht, dich selbst nicht zu lieben. Und man hat es so oft wiederholt, dass es eine Tatsache zu sein scheint, eine Wahrheit. Aber ein Mensch, der nicht in der Lage ist, sich selbst zu lieben, kann auch niemand anderen lieben. Ein Mensch, der sich selbst nicht lieben kann, kann überhaupt nicht lieben.

Man hat dir beigebracht, selbstlos und niemals egoistisch zu sein. Eine schöne Haltung, so scheint es, doch der Schein trügt. In Wirklichkeit zerstört sie deine Wurzeln. Nur ein wahrhaft egoistischer Mensch hat etwas zu geben. Wenn man sich selbst nicht lieben kann, wie soll man da einen anderen lieben? Wer zu einer Gruppe gehört, weil er Angst hat, hat sich selbst noch nicht gefunden. Er hatte die Gelegenheit dazu, aber er hat sie versäumt.

Wenn du an etwas glaubst, von dem du nicht weißt, ob es wahr ist, das du aber dennoch als Wahrheit akzeptierst, wird deine einzige Anstrengung darin bestehen zu beweisen, dass es wahr ist, und das wird zu deiner persönlichen fixen Idee werden.

Du musst beweisen, dass das, woran du glaubst, wahr ist.

Die Welt des Ignoranten ist ein Wust von Glaubensvorstellungen, weiter nichts.

Um aus der Unwissenheit herauszufinden, muss man zunächst seine Vorurteile ablegen. Einen unvoreingenommenen Blick haben – ich sage nicht objektiv, aber doch nicht tendenziös –, um zu einer Sicht zu gelangen, die weiter und umfassender ist. Wie sollen wir je herausfinden, was die Wahrheit ist, wenn wir entschieden haben, dass sie nur das sein soll, was wir bereits kennen?

Wenn du von einer vorgefertigten Meinung ausgehst, wirst du die Wahrheit niemals finden. Niemals!

Rabindranath Tagore hat eine wunderbare Geschichte über Buddha geschrieben:

Zwölf Jahre lang war Buddha meditierend durch die Wälder gezogen. Schließlich kam der Tag der größten Freude, und unter einem Baum sitzend, wurde er erleuchtet.

Sein erster Gedanke war, in den Palast zurückzukehren, um die gute Neuigkeit der Frau mitzuteilen, die er geliebt hatte, dem Sohn, den er zurückgelassen hatte, und dem alten Vater, der jeden Tag auf seine Rückkehr wartete. Derlei ist so menschlich, dass es sogar ein Buddha in seinem Herzen trägt.

Nach zwölf Jahren kehrte Buddha also zurück. Sein Vater war wütend, wie es jeder Vater wäre. Er konnte nicht sehen, dass sein Sohn Buddha war, noch sah er die Verwandlung, die mit Buddha vor sich gegangen war. Er vermochte seinen Geist nicht zu sehen, der so offenkundig und klar war. Die ganze Welt erkannte es, doch sein Vater konnte es nicht sehen. Sein Vater erinnerte ihn daran, dass er ein Fürst sei, doch diese Identität gab es nicht mehr. Buddha hatte sie abgelegt.

Buddha hatte den Palast genau deswegen verlassen: um sich selbst so kennenzulernen, wie er wirklich war. Er wollte sich nicht durch das ablenken lassen, was andere von ihm erwarteten.

Doch nun sah ihn sein Vater mit demselben Blick an wie vor zwölf Jahren und sagte zu ihm:

»Ich bin dein Vater, und ich liebe dich, obwohl du mir sehr weh getan und mich zutiefst verletzt hast. Ich bin ein alter Mann, und diese zwölf Jahre waren eine Qual. Du bist mein einziger Sohn. Ich habe versucht, am Leben zu bleiben, bis du zurückkehrst. Nun bist du hier. Nimm dies alles, übernimm den Palast und herrsche! Auch wenn es dich nicht interessiert –

lass mich ausruhen. Es ist an der Zeit, dass ich mich zur Ruhe setze. Du hast dich an mir versündigt, du hast mich beinahe umgebracht, aber ich verzeihe dir und öffne dir meine Türen.«

Buddha lächelte und sagte:

»Vater, erkenne, mit wem du sprichst. Den Mann, der den Palast verlassen hat, gibt es nicht mehr. Er ist vor langer Zeit gestorben. Ich bin ein anderer. Sieh mich an!«

Der Vater wurde noch wütender.

»Willst du mich zum Narren halten?«, sagte er. »Glaubst du, ich kenne dich nicht? Ich kenne dich besser als jeder andere! Ich bin dein Vater, ich habe dir das Leben gegeben. In deinen Adern fließt mein Blut. Wie sollte ich dich nicht kennen?«

Buddha antwortete:

»Dennoch, Vater. Bitte verstehe. Ich bin Fleisch von deinem Fleisch, doch das bedeutet nicht, dass du mich kennst. Vor zwölf Jahren wusste nicht einmal ich selbst, wer ich war. Nun weiß ich es! Sieh mir in die Augen. Bitte, vergiss die Vergangenheit, sei im Hier und Jetzt.«

Der Vater sagte noch:

»Ich habe all diese Jahre auf dich gewartet, und nun sagst du mir, du seist nicht der, der du warst, du seist nicht länger mein Sohn, sondern ein Erleuchteter … So beantworte mir eine letzte Frage: Was auch immer du gelernt hast – wäre es nicht möglich gewesen, es hier zu

lernen, im Palast, bei mir, bei den Deinen? Findet sich die Wahrheit nur in den Wäldern, fernab von uns?«

Und Buddha antwortete:

»Die Wahrheit ist hier genauso wie dort. Aber es wäre sehr schwer für mich gewesen, sie hier zu erkennen, denn ich war in der Rolle des Fürstensohnes, des Sohnes, des Ehemannes und Vaters gefangen. Es war nicht der Palast, den ich verlassen habe, oder dich und die anderen. Ich habe nur das Gefängnis meiner eigenen Identität zurückgelassen.«

Erst nachdem er seine geborgte, durch seine Erziehung und die Ansprüche seiner Liebsten bestimmte Identität hinter sich gelassen hat, wird Buddha herausfinden, dass er in der Lage ist, das Sein zu genießen und endlich frei von seiner Abhängigkeit zu sein.

Der imaginäre Kerker

Viele Menschen glauben, es sei ein Wesensmerkmal des Weisen, der Gesellschaft zu entfliehen und sich in die Berge oder in eine Höhle zurückzuziehen. Der wahre Weise flieht nicht aus der Gesellschaft, er nimmt vielmehr Abstand in dem stets schmerzhaften Versuch, der eigenen Identität zu entsagen.

Seit Tausenden von Jahren leben wir Menschen in Gefangenschaft. Dabei haben wir unseren Kerkern ansprechende Namen gegeben: Wir nennen sie Kirchen, Tempel, Religionen, politische Parteien, Ideologien, Kultur, Zivilisation, psychotherapeutische Schulen, erfolgreiche Unternehmen, Ruhm, Macht, Ehre.[23]

Doch so vielversprechend der Name des Kerkers auch sein mag und so angenehm du dich auch in ihm eingerichtet hast, du weißt, dass du ein Gefangener bist. Jeder, der im Bann einer Ideologie, einer Idee lebt, ist ihr Gefangener.

Deine Zelle mag erster Klasse sein, der Hof so groß, dass die Mauern für deine Augen außer Sichtweite sind; der Gefängnisservice mag fünf Sterne haben; man mag dir mit zunehmender Häufigkeit Ausgang gewähren und deine Fesseln mögen unsichtbar sein und verglichen mit denen der anderen nicht viel wiegen; es mag ein Gefängnis sein, das du scheinbar selbst gewählt hast; du magst die Zelle mit jenen teilen, die du am meisten liebst …

Du magst es nicht wissen …

Aber du bist ein Gefangener.

---

23 Es gibt auch abschreckende Namen: Drogen, Alkohol, Phobien, Obsessionen, Gefängnis, Wahnsinn.

Du hast deinen Kerker nie betreten. Das liegt nicht in deiner Verantwortung. Du wurdest in ihn hineingeboren, und man sagte dir, du sollest dort bleiben, als du dir dessen noch nicht bewusst warst (und vielleicht ist das immer noch so). Du wurdest konditioniert, in diesem Kerker zu lernen, zu arbeiten, dich zu verlieben und zu heiraten.

Man drillte und hypnotisierte dich, damit du die Gitterstäbe nicht siehst. Man konditionierte dich zu glauben, du seist nur zu deinem Schutz dort. Man sagte dir, es sei schließlich das Beste, was du erwarten könntest.

Und an dem Tag, da du erkennst, wo du bist, werden dir die anderen Insassen sagen, dass dem nicht so ist. Sie werden behaupten, der wahre Kerker befinde sich außerhalb dieser Mauern. Und sie werden jammern und all jene verfluchen, die versucht haben, dir eine andere Wahrheit zu zeigen.

Sie werden dir sagen, es gebe keine Freiheit und da draußen sei die Hölle.

Sie werden dir weismachen, dass du dort drinnen alles haben kannst, was du willst (außer Freiheit natürlich).

Sie werden versuchen, dich mit Preisen und Applaus zu locken, damit du bleibst.

Sie werden dir Geld, Sex, Luxus und eine »Vorzugsbehandlung« versprechen, weil du (so werden sie sagen) etwas Besonderes bist.

Und um zu verhindern, dass du gehst, werden sie dir mit Bestrafung und Folter drohen, wenn du nicht auf ihr Angebot eingehst.

Und falls du trotzdem gehst, werden sie dich verfolgen. Das solltest du wissen. Denn dort draußen bist du eine Bedrohung.

Sie werden dich suchen, um dich zurückzubringen oder den anderen deine Leiche zu zeigen, damit sie glauben, dass ein Leben dort draußen unmöglich ist.

Aber verzweifle nicht, hab keine Angst … Wenn du erst einmal frei bist, kann dich niemand mehr einsperren, wenn du es nicht willst.

Die Guten oder die Gerechten?

Die ignorante Gesellschaft ist scheinheilig; sie liebt die Braven und Angepassten mehr als die Unbestechlichen, auch wenn sie das bestreitet. Sie glaubt eher den Worten eines Wunderheilers oder Sehers als der gesicherten Diagnose des Arztes oder der eindeutigen Analyse der Wissenden, trotz aller Lobeshymnen auf diese.

Männer haben mehr Spaß mit ihren Geliebten und mit Prostituierten als mit ihren Ehefrauen. Obwohl sie die einen heiraten und die anderen am liebsten aus ihren Vierteln verbannen würden.

Die Gesellschaft ist scheinheilig, und das nicht erst seit gestern. In der Zeit der Französischen Revolution erfanden ihre Anführer die berühmte Parole der Revolution: **Freiheit, Gleichheit, Brüderlichkeit**. Doch in historischen Quellen ist festgehalten, was heute ein kleines Geheimnis der Geschichte ist ... Die ursprüngliche Parole lautete ein wenig anders: Freiheit, Gleichheit, **Gerechtigkeit**.

Was ist mit der Gerechtigkeit geschehen?

Warum wurde die Aussage verändert?

Wenn ich mir die damaligen Ereignisse vor Augen führe, deutet alles darauf hin, dass der unbedingte Wunsch mancher Revolutionäre, den Kopf auf den Schultern zu behalten, sie dazu brachte, anstelle der Gerechtigkeit, sich etwas völlig anderes auf die Fahnen zu schreiben: Brüderlichkeit.

Viele, die folgten, verstanden die Botschaft.

Für das scheinheilige, ignorante Vaterland ist es besser, für Verständnis, Barmherzigkeit, Milde und Nepotismus einzutreten als für die Unbestechlichkeit, denn damit würde unweigerlich eine gerechtere

Welt einhergehen:[24] eine faire Verteilung der Reichtümer, eine Einschränkung der Macht der Mächtigen und für die Korrupten einen Kerker, der nicht nur imaginär ist.

Man darf nicht vergessen, dass Schmeichelei, Diplomatie, Gefälligkeit und Verstellung große Lügen sind, ebenso wie Wohltätigkeit, Wohlfahrt, Nachsicht, Verharmlosung genauso wie Übertreibung. Dass jede Scheinheiligkeit dumm ist und nur im Umgang mit Dummen Sinn macht.

Wenn du die Unwissenheit hinter dir lässt, dann hör auf, die Leute zu belügen, die dir wichtig sind. Du musst begreifen, wie wichtig du dir selbst bist, und aufhören, dir etwas vorzumachen. Es ist eine Frage von Lernprozessen, Reife und Bewusstsein.

Denken und Fühlen

Uns dieser Zusammenhänge bewusst zu werden, wird uns gerechter machen, aber nicht besser. Es wird uns mit uns selbst versöhnen, uns aber womöglich viele Feinde bescheren. Deshalb werden wir uns immer und immer wieder verlaufen; oft werden wir alles Gelernte vergessen, und es wird seine Zeit brauchen,

---

24 Gerechtigkeit meint hier: jedem das, was er verdient.

bis wir uns wieder daran erinnern. Doch darauf kommt es nicht an. Worauf es ankommt, ist, dass wir uns in dem Moment, da wir uns daran erinnern, keine Selbstvorwürfe machen – denn es muss uns bewusst sein, dass es nicht bewusst geschah.

Sich Selbstvorwürfe zu machen bedeutet, den Finger in die eigene Wunde zu legen und damit die goldene Regel menschlichen Verhaltens zu leugnen:

Jeder handelt stets so, wie es ihm in diesem Moment am besten erscheint, im Einklang mit seinem Bewusstsein und seinem Wissen.

Es gibt keinen Grund, sich schuldig zu fühlen. Schuldgefühle sind die Selbstbestrafung dafür, nicht perfekt gewesen zu sein. Es ist der Glaube, dass wir allmächtig sein müssten. Die Vorstellung, dass wir uns nicht irren dürfen.

Zu erkennen, dass ich mich geirrt habe, kann genügen, mir zu helfen, dass ich mich innerlich weiterentwickele. Und je mehr ich mich entwickele, desto seltener werde ich diesem Irrtum erliegen.

Denken ist das eine, Rationalisieren etwas völlig anderes. Ich gebe mir keine Schuld, ich bereue nicht (vielleicht muss ich das nächste Mal nicht einmal zu meinem Analytiker rennen, um es ihm zu erzählen), ich rechtfertige mich auch nicht.

Mein Verstand aber hat die Tendenz zu rationalisieren. Darin steckt ein Rechtfertigungsmechanismus – selbst wenn gar nicht klar ist, wofür zum Teufel ich mich rechtfertige.

Jedes Mal, wenn ich einen Fehler mache, verliert sich mein Verstand in wortreichen Erklärungen, um mich zu rechtfertigen …

Es musste ja so kommen …
Die Situation war danach …
Die anderen sind schuld …
Ich hatte keine andere Wahl …
Ich bin nicht verantwortlich …

Indem ich rationalisiere, rechtfertige ich meine Fehler, um mich vor berechtigter Kritik zu schützen.

Die unvermeidliche Folge ist, dass ich dieselben Fehler immer wieder mache, mich dagegen sperre, etwas dazuzulernen, und so einer möglichen Weiterentwicklung im Weg stehe.

Bei einem Konflikt zwischen dem Höheren und dem Niederen wird stets das Niedere gewinnen. Wenn du eine Rose gegen einen Fels schlägst, wird die Rose sterben, nicht der Fels. Der Fels merkt vielleicht nicht einmal etwas von dem Zusammenstoß.

Osho

Überall in unserer Geschichte gibt es solche Felsen (Gewohnheiten, Automatismen, Vorgaben, Ängste, Modelle und Konditionierungen), und wenn in uns die Blume des Bewusstseins zu wachsen beginnt, finden diese alten Felsen Tausende von Möglichkeiten, sie zu zerstören.

Nur allzu oft verwechseln wir »Denken« mit »Bewusstsein«, dabei ist beides nicht dasselbe.

Solange wir Ignoranten sind, verführt uns das Denken dazu, ein ums andere Mal auf Bekanntes zurückzugreifen. Es mag aussehen, als machten wir große Fortschritte, und tatsächlich denken wir immer besser! Aber Gedanken sind nichts weiter als Luftschlösser. Bewusstsein hingegen ist eine tiefere, ganzheitliche Empfindung, durch die man die Wirklichkeit wahrnimmt. Und Wahrnehmen hat eher mit Fühlen als mit Denken zu tun.

Gefühle haben mehr Materie, sind substantieller als Gedanken. Deshalb sind sie nicht nur imstande, uns in höhere Sphären zu erheben; sie haben gleichzeitig mehr Bodenhaftung und verbinden uns mit dem, was wirklich um uns herum und in uns selbst geschieht.

Die Unwissenheit hinter sich lassen

Warum sollte ein Unwissender die Unwissenheit, in der er unwissentlich lebt, hinter sich lassen?

Neugier kann es nicht sein; diese ist dem Suchenden vorbehalten, wie wir später sehen werden.

Er glaubt auch nicht, der Weg des Suchenden sei besser, denn das weiß er nicht.

Es geht ihm auch nicht darum, einen größeren Einsatz zu bringen, denn der Einsatz, den er bringt, ist das Einzige, was er kennt. Überhaupt kennt ein Unwissender nur den Vergleich mit dem, was bereits geschehen ist, niemals aber mit dem, wozu seine Phantasie fähig ist.

Auch Druck von außen kann es nicht sein, denn der bringt ihn nur dazu, Einverständnis zu heucheln oder aufzubegehren, niemals aber zu lernen.

Man sagt, dass dir auf dem ersten Stück des Weges zur Weisheit weder deine Intelligenz, noch deine Arbeit, weder dein Geld noch deine Schönheit helfen können.

Vielleicht vermag es die Liebe. Und ich sage »vielleicht«, weil an die Liebe zu *denken* dir ebenso wenig helfen würde. Liebe zu *empfinden* hingegen wird dich verändern.

Wer den sicheren Ort der Unwissenheit verlassen will, hat den beständigen Wunsch, jemandem nachzufolgen, der ihm aus reinem Interesse an seinem Wohlergehen die Hand reicht und ihn dazu auffordert, an seiner Seite einen unbekannten Weg zu gehen.

Der einzige Weg, nicht länger ein Unwissender zu sein, liegt darin, Zuneigung und Vertrauen zu einem Lehrer oder einer Lehrerin zu fassen, die uns selbstlos ihre Liebe zeigen und uns so einen Weg weisen. Erst dann wird Lernen zum Vergnügen, zu einer Erfahrung, die neue Erfahrungen nach sich zieht, zu einem Spiel.

Das Gift des Vergleichs

Der dänische Philosoph Sören Kierkegaard war der Meinung, man könne einem Leser, der nichts von Philosophie verstehe, helfen, indem man schreibend sich auf sein Niveau begebe und seine Ausgangsposition einnehme.

Er wollte zum Leser in einer Sprache sprechen, die diesem vertraut war. Er wollte mit ihm seine Weltsicht und seine Vorurteile teilen.

So schrieb Kierkegaard seine ersten (nicht philosophischen) Werke, indem er seine Identität hinter einem

Pseudonym versteckte. Er hoffte, der Leser werde sich in dem Gelesenen wiederfinden und weniger abwehrend reagieren, wenn es danach um Begrifflichkeiten von Weisheit ginge. Auf diese Weise betrete er eine zweite Ebene, und hier nun würden sich die bislang unbekannten Ansichten in sein Leben einfügen, was ihn wiederum darauf vorbereiten würde, sich auf eine neue Bewusstseinsstufe zu erheben: die Bewusstseinsstufe seiner philosophischen Werke.

Bei diesem schwierigen Unterfangen bediente er sich der Erzählung und der Parabel. Jede seiner Schriften aus jener Zeit erscheint mir wie die liebevoll ausgestreckte Hand eines Lehrers, der uns auffordert, uns auf den Weg zu machen, und uns einlädt, mehr über die schwierige Kunst zu lernen, im Bewusstsein der Realität zu leben.

Ich gebe hier sinngemäß eine seiner bildhaftesten Erzählungen wieder, eine Erzählung, die uns hilft, die Augen zu öffnen.

Es war einmal ein wildes Täubchen, das nistete im tiefen Wald, dort, wo zwischen schlanken, einsamen Bäumen das Staunen neben dem Schauder wohnt.

Nicht weit entfernt, dort, wo Rauch vom Haus des Bauern aufsteigt, lebten zwei Haustauben, entfernte Verwandte von ihm.

Eines Tages plauderten sie über das Wetter und den Lebensunterhalt. Die Wildtaube sagte:

»Ich bin reich und unermesslich glücklich. An manchen Tagen finde ich viel Futter und an anderen wenig, aber ich habe immer etwas zu fressen. Bislang hatte ich noch nie Schwierigkeiten. Ich vertraue auf die Natur und lasse mich jeden Tag von ihrer Freigebigkeit überraschen.«

Die Haustauben hoben ein wenig die Köpfe und sagten, dass sie »nur das Beste« für ihre wilde Base wollten. Sie erklärten ihr, dass sie in Wirklichkeit arm sei, weil sie nichts besitze und in völliger Unsicherheit vom einen Tag zum nächsten lebe. Die eine von ihnen sagte:

»Wir hingegen haben eine gesicherte Zukunft bei dem Bauern, bei dem wir leben. Zur Erntezeit hocken wir auf dem Dachfirst und sehen zu, wie der Bauer einen Getreidesack nach dem anderen zur Scheune karrt, und dann wissen wir, dass genügend Vorräte für lange Zeit bereitliegen.«

Als die Wildtaube an diesem Abend in ihr Nest zurückkehrte, dachte sie zum ersten Mal, dass sie arm sei. Sie begann sich mit anderen Augen zu sehen, mit den Augen der anderen. Sie verglich ihr Leben mit dem ihrer Verwandten und dachte, dass es wunderbar sein müsse, einen gesicherten Lebensunterhalt zu haben. Und sie bedauerte, ständig in Ungewissheit leben zu müssen.

Von nun an, sagte sie sich, sollte ich darüber nachdenken, wie ich es anstellen kann, mir einen kleinen

Vorrat anzulegen. Den könnte ich dann an einem sicheren Ort verstecken, um ruhig zu leben.

Von diesem Augenblick an begann sich die Wildtaube um ihren Unterhalt und die Zukunft zu sorgen. Sie lernte eine Angst kennen, die ihr bislang unbekannt gewesen war. Und statt Ruhe zu finden, wurde sie immer unruhiger.

Die Realität machte ihr immer wieder einen Strich durch die Rechnung, und die Taube wurde ihres Lebens nicht mehr froh. Ihr Gefieder verlor seinen Glanz und ihr Flug seine Leichtigkeit. Tagtäglich fand sie ihr Auskommen, ihr Appetit auf Futter war irgendwann gestillt, doch sie konnte nie genug bekommen, weil der »Hunger« nach Vorräten niemals nachließ … Sie musste immerzu an das denken, was sie nicht hatte, bis sie irgendwann von den reichen Tauben beneidet würde.

Wenn du immerzu vergleichst und dir Gedanken machst über das, was du hast und was du nicht hast, vergiftest du dich irgendwann mit der Vorstellung dessen, was *sein sollte*.

Wenn ich immer, wenn es mir gut geht, daran denke, dass es mir noch viel besser gehen könnte, bin ich vergiftet.

Wenn ich, während ich meinen Teller Bohnen esse, nach dem größeren Teller schiele, den mein Nachbar bekommen hat, bin ich vergiftet.

Wenn ich mich für etwas Besseres halte, weil ich Arzt bin, bin ich vergiftet.

Wenn ich denke, nur weil ich Stammkunde in einem Geschäft bin, müsse man, um mich zu bedienen, die anderen stehen lassen, bin ich vergiftet.

Wenn ich glaube, nur weil ich Steuern zahle, wäre es mein gutes Recht, von einem Beamten bevorzugt behandelt zu werden, bin ich vergiftet.

Wenn ich glaube, es sei gerecht, dass ich keinen Hunger leide, nur weil ich das Geld, mit dem ich mein Essen kaufe, selbst verdient habe, bin ich vergiftet.

Wenn ich mich manchmal für etwas Besseres halte und auf andere herabsehe, bin ich vergiftet.

Wenn ich manchmal denke, ich sei bedeutender oder weniger bedeutend, bin ich vergiftet.

Wenn ich denke, dass ich mich von den anderen unterscheide, nur weil ich Christ, Jude, Buddhist oder Atheist bin, bin ich vergiftet.

Vergleiche sind immer Gift, und chronische Vergiftung ist hochgefährlich.

Wenn du – so wie ich und fast alle – dieses Gift vom Tag deiner Geburt an in kleinen Mengen verabreicht bekamst, hast du dich womöglich daran gewöhnt und merkst gar nicht, dass das Gift in deinem Körper zirkuliert und sich in deinem Kopf einnistet.

Meine erste Dosis erhielt ich beispielsweise mit der Wahl meines Namens.

Die zweite mit der Farbe meines Stramplers.

Die dritte mit dem roten Bändchen, das meine Mutter mir gegen den bösen Blick umlegte (weil ich sooo niedlich war …).

Die vierte mit dem Kosenamen, den meine Onkel und Tanten mir gaben.

Die fünfte mit dem ersten »Das hast du toll gemacht!«.

Die sechste an dem Tag, als meine Klassenkameraden mich zum ersten Mal Dickerchen nannten.

Die siebte …

Und so könnte ich weitermachen bis heute.

Ich habe mich langsam vergiftet, so langsam, dass ich mich an das Gift gewöhnt habe. Heute bin ich so immun dagegen, dass es mir nicht einmal auffällt, dass ich in Begriffen der Abgrenzung und des Vergleichs und nicht der Liebe denke, wenn ich sage, dass ich Argentinier bin, Jude, ziemlich intelligent und der beste Freund von Héctor.

Jede Art von Wettbewerb ist die Folge eines solchen Gifts. Es geht darum, alles zu vermeiden, was giftig ist – körperlich, seelisch und spirituell.

Das Gift heißt Vergleich,
die Vergiftung heißt Diskriminierung,
die Krankheit heißt Konkurrenz
und die Sucht heißt, der Zwang zu gewinnen[25]

Die Lust am Spionieren und Urteilen

In ihrer Unwissenheit sind die Menschen darauf erpicht, die Unzulänglichkeiten und Fehler der anderen herauszufinden. Wenn sie durchs Fenster oder durchs Schlüsselloch der Nachbarn schauen, fühlen sie sich ein bisschen wohler mit sich selbst.

Sie tun das, weil sie wissen, dass die Fehler der anderen ihnen dabei helfen, die eigenen Fehler zu verschleiern. Nicht umsonst feiern überall auf der Welt Fernsehtalkshows große Erfolge (Sendungen, in denen sich Menschen wie Du und Ich vor laufender Kamera streiten und beschimpfen, ermuntert von einem Moderator und einem Publikum, das sie noch weiter anfeuert), oder Reality Shows (in einem tumben Plot werden junge Menschen oder Schauspieler, Paare oder Sänger wochenlang von Hunderten von Kameras gefilmt, die sie vierundzwanzig Stunden am Tag beobachten und diese Bilder an Millionen von

25 Erfolgswahn.

Spannern senden, die ihre Nase gern in das Leben anderer Leute stecken).

»Was sind das nur für hinterhältige, aggressive, dumme und unkultivierte, boshafte und selbstsüchtige, peinliche und lächerliche, eitle und oberflächliche Idioten!«

Wir erliegen nur zu gern der Versuchung, im Vergleich mit jenen, die wir verachten, vorteilhaft dazustehen. Es erlaubt uns, in die Vorstellung zu flüchten, dass wir viel besser sind als »die«, oder zu denken, dass das, was wir machen, gar nicht sooo schlimm ist, wenn es doch im Fernsehen legitimiert wird.

Solche Situationen, in denen du dir grundlos irgendwelchen Blödsinn reinziehst, solltest du unbedingt vermeiden. Jeder von uns hat genug mit seinem eigenen Mist zu tun. Was wir wirklich brauchen, ist, uns davon zu lösen, und nicht immer noch mehr fremde Scheiße einzusammeln, als handele es sich dabei um etwas Kostbares.

Es gibt ein Insekt, das ich schon immer interessant fand. Seine Lebensweise, so finde ich, spiegelt ziemlich gut ein Verhalten wider, das so viele von uns an den Tag legen. Es handelt sich um den Pillendreher, auch Mistkäfer genannt.

Dieses Insekt ist in Steppengebieten beheimatet, in denen große Tiere wie Elefanten, Bisons oder Nashörner leben, die nach dem Fressen natürlich verdauen und ihre Exkremente auf dem Boden zurücklassen. Das ist der Moment, auf den der Pillendreher gewartet hat: Schnell rafft er den Mist zusammen und dreht ihn zu einer riesigen Kugel (daher der Name »Pillendreher«), vielleicht drei- oder viermal so groß wie er selbst, die er dann vor sich herschiebt, um seine zukünftige Partnerin mit seiner Kraft und Geschicklichkeit zu beeindrucken.

Die Pillendreher verblüffen mich nicht nur durch ihr menschliches Verhalten, Scheiße zu sammeln, sondern auch, weil sie diese überall mit hinschleppen – sie machen sogar Wettbewerbe, um festzustellen, wer die größte Mistkugel hat!

Denke nicht über die Fehler der anderen nach, denn das ist nicht deine Aufgabe.

Mische dich nicht in das Leben der anderen ein, denn das ist nicht deine Aufgabe.

Denke nicht an das, was andere betrifft, denn das ist nicht deine Aufgabe.

Atisha

Dennoch gibt es große Moralisten. Ihre einzige Beschäftigung scheint darin zu bestehen, darauf zu achten, wer sich falsch verhält. Sie verschwenden ihr ganzes Leben damit, in fremder Scheiße zu wühlen, als wären sie eine Kreuzung aus Mistkäfer und Polizeihund. Ihre einzige Lebensaufgabe besteht darin, diejenigen anzuprangern, die sich falsch verhalten. Man fragt sich, wie groß der Balken im eigenen Auge sein muss, wenn man ständig den Splitter im Auge der anderen sucht.

Ich habe in meinem Fachgebiet einige Kollegen kennengelernt, die aus diesem Grund Psychotherapeuten geworden sind. Es ist eine ausgemachte Tatsache, dass in meinem Beruf mehr Menschen verrückt werden als in jedem anderen Beruf der Welt. Warum ist das so?

Ist Wahnsinn ansteckend? Ich glaube nicht.

Mit Sicherheit interessieren sich die meisten Therapeuten für psychische Vorgänge, weil sie sich ihres eigenen Ausmaßes an Verrücktheit bewusst werden. Und als Reaktion darauf versuchen sie, ein Heilmittel für die Neurose zu finden, insbesondere ihre eigene.

Ein guter Psychotherapeut ist einer, dem das gelungen ist – oder der zumindest auf dem Weg dorthin ist … Aber was ist mit den anderen? Die immer noch genauso neurotisch sind wie zuvor oder deren Zustand sich noch verschlimmert hat? Warum machen sie weiter? Sie wissen doch mittlerweile, dass sie auf diesem Weg ihrem Wahn nicht entkommen werden.

Ihr einziger Vorteil könnte sein – jetzt nähern wir uns der Wahrheit! –, dass sie über eine Machtposition verfügen, aus der heraus sie andere für verrückt erklären können.

Ich will damit nicht sagen, dass alle Therapeuten in dieses Schema passen. Tatsächlich scheinen es mir die wenigsten zu sein. Ich erwähne es trotzdem, damit du nicht glaubst, dass Menschen, die sich mit geistiger Gesundheit beschäftigen, sich immer von Projektionen freimachen können.

Du, der du kein Therapeut bist und dir nicht die Probleme von Leuten anzuhören brauchst, mit denen dich nichts verbindet, höre dir nur das Nötigste an. Beim Reden sei telegrafisch kurz und selektiv beim Zuhören. Wenn du weniger mit denen sprichst, die du für unmoralisch hältst, und jenen kein Gehör schenkst, die nur Hass und Diskriminierung im Munde führen, wirst du sehen, dass etwas in dir zu wachsen beginnt, ein gewisses Gefühl von Reinheit, eine gewisse Öffnung, eine Art von Frische, so als hättest du gerade ein Schaumbad genommen.

Misstraue niemals der Liebe oder dem Vertrauen. Du kannst deinen Ansichten misstrauen, deinem Kopf und deinem Bauch, aber nicht deinem Herzen. Wenn du fühlst, dann lass dein Gefühl wachsen, dort, wo sich die Empfindungen am wohlsten fühlen und wohin dein Herz dich führt: in dein Inneres.

Klatsch und Tratsch sind nie Ausdruck eines Gefühls; sie sind immer Rationalisierungen, der Wunsch sich größer zu machen und sich mächtig zu fühlen.

Wenn du ein Gerücht, das du aufgeschnappt hast, einem anderen weitererzählst, wirst du wahrscheinlich noch etwas hinzudichten. Während das Gerücht die Runde macht, wird es immer größer, und wenn es wieder am Ausgangspunkt angelangt ist, ist mit Sicherheit einiges dazugekommen. Wenn dir abends die neue Version des Gerüchts zu Ohren kommt, das du morgens weitererzählt hast, wirst du dich geschmeichelt und mächtig fühlen.

Nasrudin war Hofnarr am Hof eines großen Königs. Eines Tages sagte er während eines Fests etwas sehr Witziges, aber der König fühlte sich beleidigt und hieb ihm das Zepter über den Kopf. Nasrudin hätte den Schlag gerne zurückgegeben, aber den König zu schlagen wäre Irrsinn gewesen. Also ging er zu dem Mann, der ihm am nächsten stand, und trat ihm ans Schienbein.

Der verdutzte Mann herrschte ihn wütend an:

»Weshalb trittst du mich? Ich habe dir nichts getan.«

Nasrudin antwortete:

»Ich habe auch nichts getan, und nun sieh dir diese

Beule an! Warum fragst du mich? Ich habe nicht mit diesem Spiel angefangen; da musst du den König fragen. Obwohl, ich würde das nicht tun; besser, du gibst den Hieb an deinen Nebenmann weiter. Die Welt ist groß, wir werden es ja sehen, wenn er die Runde gemacht hat. Tu dir keinen Zwang an.«

Wenn alle sich falsch verhalten, tröstet man sich damit, nicht der Einzige zu sein, der Fehler macht.

Im tiefsten Inneren hat man Freude an der Rache, auch wenn sie sich gegen die falsche Person richtet. Schließlich lässt sich immer eine Rechtfertigung finden, wenn man nur lange genug nach den Fehlern der anderen sucht.

Die Geschichte von Nasrudin ließe sich folgendermaßen in die Gegenwart übertragen, ganz ohne Könige und Hofnarren (obwohl, sind wir das nicht alle manchmal?):

Mein Chef war heute Morgen sehr ungerecht zu mir. Ich habe nichts dagegen, sein Angestellter zu sein, aber ich lasse mich nicht wie ein Fußabtreter behandeln. Ich war so sauer auf ihn, dass ich ihm am liebsten die Meinung gegeigt hätte, aber ich wollte ihm keinen Vorwand liefern, mich zu feuern. Also hab ich einfach gelächelt und mich dumm gestellt, während der Vollidiot mich runterputzte. Als ich nach Hause kam, brach ich einen Streit mit meiner Frau vom Zaun. Sie wehrte sich und sagte, ich sei schon schlechtgelaunt aus dem Büro gekommen und ließe ohne Grund meine Laune an ihr aus … Ohne Grund? Ha! Das Gemüse war versalzen, der Toast verbrannt, und ihretwegen ist mein Handy in einer Pfütze gelandet, als ich ihren Anruf entgegennehmen wollte. Und zu allem Überfluss war auch noch die Heizung ausgefallen, als ich nach Hause kam … Ohne Grund? Ha! Sie war fest davon überzeugt, dass ich ihr Unrecht tat, aber weil sie es nicht noch schlimmer machen wollte, hielt sie den Mund. In diesem Punkt war ich ganz ihrer Meinung. Abends hörte ich, wie sie dem Jungen eine Ohrfeige gab. Er hatte es aber auch drauf angelegt. Er ist wieder zu spät nach Hause gekommen und hat den Mantel zerrissen (und was so ein Mantel kostet!). Und außerdem hat er eine schlechte Note in der Hausarbeit bekommen, die er hier zu Hause zusammen mit seiner Mutter gemacht hat. Mein Sohn weinte nicht, sondern verschwand türenschlagend in seinem Zimmer. Wie ich ihn kenne, wird er die Schranktür zuknallen, irgendein Spielzeug an die Wand feuern und dann den Fernseher einschalten, um sich Terminator *anzusehen, der heute auf Kanal 6 läuft. Morgen auf dem Schulweg verhaut er vielleicht einen seiner Klassenkameraden. Soweit ich weiß, geht der Sohn meines Chefs mit meinem Sohn in eine Klasse, und mit ein bisschen Glück fängt sich dieses Bürschlein wegen seinem Blödmann von Vater eine ordentliche Tracht Prügel ein.*

Der Weise kennt keine Rache. Er macht nicht die anderen verantwortlich und fühlt sich niemandem überlegen. Der wahre Weise stellt schlichtweg fest, dass er ein menschliches Wesen ist, einfach nur ein menschliches Wesen.

Und einige Weise sind so weit gekommen, dass sie sogar das Adjektiv »menschlich« weglassen können. Sie definieren sich nur als ein Wesen voller Gegensätze und Widersprüche, wie die Welt, in der wir leben.

Erinnern wir uns noch einmal an die Wildtaube bei Kierkegaard. Für sie war die tägliche Futtersuche ein Spiel, weil es eine sinnvolle Beschäftigung war. Ihr Hunger, ihr Suchen und das Finden von Nahrung fanden stets im Hier und Jetzt statt. Die Unterhaltung mit den Haustauben jedoch bereitete den Boden für die imaginären Sorgen um die Zukunft. Von nun an lebte sie in Angst und folgte ihrer unheilvollen Phantasie (die im Grunde nicht einmal ihre eigene war, sondern die ihrer zahmen Verwandten).

Das Leben kann ein Spiel sein, wenn es in der Gegenwart gelebt wird.

Das Leben ist eine Freude, wenn es die Quelle für das ist, was wir sind, der angemessene Ausdruck unseres Seins. Und nicht Mittel zum Zweck, damit wir werden, was wir noch nicht sind, oder um etwas zu erreichen, das wir noch nicht besitzen, sei es Geld, Prestige, gesellschaftliche Anerkennung oder Sicherheit.

Kalendergeschichten

»Wenn die Haifische Menschen wären«, fragte Herrn K. die kleine Tochter seiner Wirtin, »wären sie dann netter zu den kleinen Fischen?«

»Sicher«, sagte er. »Wenn die Haifische Menschen wären, würden sie im Meer für die kleinen Fische gewaltige Kästen bauen lassen, mit allerhand Nahrung drin, sowohl Pflanzen als auch Tierzeug. Sie würden sorgen, dass die Kästen immer frisches Wasser hätten, und sie würden überhaupt allerhand sanitäre Maßnahmen treffen. Wenn zum Beispiel ein Fischlein sich die Flosse verletzen würde, dann würde ihm sogleich ein Verband gemacht, damit es den Haifischen nicht wegstürbe vor der Zeit. Damit die Fischlein nicht trübsinnig würden, gäbe es ab und zu große Wasserfeste; denn lustige Fischlein schmecken besser als trübsinnige. Es gäbe natürlich auch Schulen in den großen Kästen. In diesen Schulen würden die Fischlein lernen, wie man in den Rachen der Haifische schwimmt. Sie würden zum Beispiel Geographie brauchen, damit sie

die großen Haifische, die faul irgendwo liegen, finden könnten. Die Hauptsache wäre natürlich die moralische Ausbildung der Fischlein. Sie würden unterrichtet werden, dass es das Größte und Schönste sei, wenn ein Fischlein sich freudig aufopfert, und dass sie alle an die Haifische glauben müssten, vor allem, wenn sie sagten, sie würden für eine schönere Zukunft sorgen. Man würde den Fischlein beibringen, dass diese Zukunft nur gesichert sei, wenn sie Gehorsam lernten. Vor allen niedrigen, materialistischen, egoistischen und marxistischen Neigungen müssten sich die Fischlein hüten und es sofort den Haifischen melden, wenn eines von ihnen solche Neigungen verriete. Wenn die Haifische Menschen wären, würden sie natürlich auch untereinander Kriege führen, um fremde Fischkästen und fremde Fischlein zu erobern. Die Kriege würden sie von ihren eigenen Fischlein führen lassen. Sie würden die Fischlein lehren, dass zwischen ihnen und den Fischlein der anderen Haifische ein riesiger Unterschied bestehe. Die Fischlein, würden sie verkünden, sind bekanntlich stumm, aber sie schweigen in ganz verschiedenen Sprachen und können einander daher unmöglich verstehen. Jedem Fischlein, das im Krieg ein paar andere Fischlein, feindliche, in anderer Sprache schweigende Fischlein tötete, würden sie einen kleinen Orden aus Seetang anheften und den Titel Held verleihen. Wenn die Haifische Menschen wären, gäbe es bei ihnen natürlich auch eine Kunst. Es gäbe schöne Bilder, auf denen die Zähne der Haifische in prächtigen Farben, ihre Rachen als reine Lustgärten, in denen es sich prächtig tummeln lässt, dargestellt wären. Die Theater auf dem Meeresgrund würden zeigen, wie heldenmütige Fischlein begeistert in die Haifischrachen schwimmen, und die Musik wäre so schön, dass die Fischlein unter ihren Klängen, die Kapelle voran, träumerisch, und in allerangenehmste Gedanken eingelullt, in die Haifischrachen strömten. Auch eine Religion gäbe es da, wenn die Haifische Menschen wären. Sie würde lehren, dass die Fischlein erst im Bauch der Haifische richtig zu leben begännen. Übrigens würde es auch aufhören, wenn die Haifische Menschen wären, dass alle Fischlein, wie es jetzt ist, gleich sind. Einige von ihnen würden Ämter bekommen und über die anderen gesetzt werden. Die ein wenig größeren dürften sogar die kleineren auffressen. Das wäre für die Haifische nur angenehm, da sie dann selber öfter größere Brocken zu fressen bekämen. Und die größeren, Posten habenden Fischlein würden für die Ordnung unter den Fischlein sorgen, Lehrer, Offiziere, Ingenieure im Kastenbau usw. werden. Kurz, es gäbe überhaupt erst eine Kultur im Meer, wenn die Haifische Menschen wären.«

Bertolt Brecht

Ignoranten sind Strategen, auch wenn sie es nicht wissen (was nicht bedeutet, dass jeder, der taktiert, auch ein Ignorant ist). Dieses Taktieren beruhigt sie, lässt sie aber auch in ihrer ignoranten Realität verharren.

Es ist sehr schwer, ein Stratege zu bleiben, wenn du dich in einen Suchenden verwandelst.

Als Suchender liefert dir dein Leben zu viele Gemütszustände, zu viele Veränderungen, zu viele Fronten, und jede davon trägt zu deiner inneren Entwicklung bei.

Ein Suchender kann sich nicht in einen kleinen Raum einsperren. Selbst wenn es ihm komfortabel und bequem erscheint, er verschließt sich nicht, er hält nicht inne, bleibt nicht stehen. Er begibt sich auf die Suche. Er ist ein Abenteurer.

»Und der Sex?«, fragt der Arzt.

»Ziemlich ausgefallen …«, flüstert der Mann resigniert.

»Aha!«, stellt der Arzt fest. »Mein Freund, Sie müssen mit diesen Perversionen aufhören, wenn Sie gesund werden wollen.«

Tja, für manche Menschen ist alles Ausgefallene eine Perversion.

Die Unwissenheit ist die einzige Etappe, die der Mensch nicht aus eigenem Antrieb erreicht. Er bewegt sich ganz natürlich in ihr, und wenn ihn nichts dort herausholt, wird er für immer in der Ignoranz verharren. Das ist einer der Gründe, warum es Millionen von Ignoranten gibt.

Es lässt sich nicht vermeiden, unwissend zu sein. Es ist sogar notwendig, sich der Tatsache bewusst zu sein, dass man einmal unwissend war, um sich irgendwann auf den Weg zur Weisheit begeben zu können.

Die Etappe der Unwissenheit ist unvermeidlich, aber sobald sie vollständig durchlaufen ist, muss man sie hinter sich lassen.

Doch es sind viele, die für immer an diesem vertrauten Ort bleiben. Sie versuchen lediglich, das, was von ihnen erwartet wird, immer besser zu machen.

Es sind jene, die Freiheit als die Fähigkeit definieren, sich für das zu entscheiden, was sie tun sollen.

Es sind jene, die wissen, dass die Gesellschaft sie, sobald sie den vorgegebenen Weg verlassen, völlig zu Recht beschuldigen wird, kein guter Staatsbürger, Nachbar, Freund, Partner oder Sohn zu sein.

Du wirst oft an diesen Punkt gelangen. Nicht nur einmal, sondern viele Male.

Und dann wirst du dich zwischen der Anerkennung der Leute und der Achtung vor dir selbst entscheiden müssen.

Hoffentlich wählst du immer das Beste für dich.

Eines Sinnes zu sein, selbst wenn es den anderen unvernünftig erscheint oder ist.

VIERTES KAPITEL

Der Suchende

Ein Suchender weiß genau,
was er nicht weiß.

Als der Zug sein Ziel erreichte, drückte Shimriti die Hand des Meisters noch fester und spürte, wie der Druck tröstend und beruhigend erwidert wurde.

Als sie aus dem Zug ausstiegen, betrachtete sie fasziniert die vielen Hinweistafeln, die Uhren, auf denen die Zeit an anderen Orten angezeigt wurde (Weltstädte, sagte der Meister), die Zeitungsstände, die Menschen, die in einer großen Bar lebhaft miteinander diskutierten. Die Tische standen auf dem Gehsteig, wo die Gäste wie unter dem Schutz des großen Schildes saßen, auf dem stolz der Name der Bahnstation prangte:

DATA

Im Taxi auf dem Weg in die Stadt erlebte sie ihre erste große Überraschung:

»Fahren Sie uns ins Informationsviertel, bitte«, hatte der Meister gesagt.

»In Ordnung«, antwortete der Fahrer.

»Kennen Sie den Weg?«

»Natürlich.«

»Fahren Sie nicht über die Universität. Da wird gerade das Pflaster erneuert.«

»Ach ja? Das wusste ich nicht. Ich werde versuchen, daran zu denken …«

Auch in ihrer angeborenen Unwissenheit (das begriff sie nun zum ersten Mal) musste es Dinge gegeben haben, die sie wusste. Doch jene Marta von früher hatte nicht gewusst, was *sie wusste und* was nicht. *Schwierigkeiten hatte sie immer erst bemerkt, nachdem sie ihnen begegnet war.*

Später lernte sie diese Stadt kennen, in der jeder wusste, was er wusste, und sich zugleich völlig im Klaren darüber war, was er nicht wusste.

Schon allein, indem sie ihnen zusah, wurde Shimriti klar, was sie alles nie gelernt hatte. Und im selben Augenblick begriff sie, dass sie alles lernen konnte, wenn sie es nur wollte.

Aber etwas hatte sich für immer verändert: Shimriti würde nie wieder ignorieren können, dass es viele Dinge gab, die sie nicht wusste.

Mir ist bewusst, dass es Dinge gibt, die ich weiß, und andere, die ich nicht weiß.

Mir ist bewusst, dass ich in einer Welt aus Licht und Schatten lebe, die an einigen Stellen heller ist als an anderen und hier und da völlig dunkel.

Sich in diesem Schattenbereich aufzuhalten, bedeutet eine ständige Suche nach allem, was ich nicht weiß.

Denn nun weiß ich, dass es viele Dinge gibt, die ich nicht weiß. Und dies ist der Ort des Suchens.

Das Aufbegehren des Suchenden

Es wäre absurd zu glauben, der Ausweg aus unserer Konditionierung läge darin, uneingeschränkt gegen jegliche gesellschaftliche Ordnung aufzubegehren, oder sich vollständig und dauerhaft zu isolieren, damit wir vor dem Gift der Außenwelt geschützt sind.

Wir sind auf die anderen angewiesen, auch wenn es sich nicht leugnen lässt, dass dieser Herdentrieb darauf zurückzuführen ist, dass wir von Eltern, älteren Geschwistern, Lehrern und Professoren so erzogen wurden.

Wir sind soziale Wesen, selbst wenn wir diese Veranlagung für eine notwendige kulturelle Manipulation halten, die von Kindesbeinen an auf jeden von uns einwirkt, um unsere egoistische, destruktive Individualität zugunsten des künftigen Gemeinwohls kleinzuhalten.

Nicht wenige Experten (etwa der Biologe und Philosoph Humberto Maturana) sehen in dem Wunsch, mit anderen zusammen zu sein, einen essentiellen Wesenszug des Menschen, von seinen praktischen Bedürfnissen einmal abgesehen. Mehr noch: Das Interesse am emotionalen Kontakt mit dem anderen ist das Menschlichste, das wir Menschen in uns tragen.

Wie dem auch sei: Aus der Interaktion zwischen dem Individuum und der sozialen Gruppe, der es angehört, entsteht die Kultur einer jeden Gesellschaft, ein Rüstzeug, das uns den Weg erleichtert.

Alles, was wir wissen, ohne zu wissen, woher wir es wissen, wird uns durch unsere Kultur mitgegeben und hilft uns dabei, nicht immer wieder ganz von vorn beginnen zu müssen.

Leider ist es aber auch eine Tatsache, dass diese Kultur unser Verhalten konditioniert, indem sie unsere Sicht auf die Welt bestimmt, gewisse Vorgaben macht oder Freiheiten einschränkt.

Festzuhalten bleibt, dass es nicht darauf ankommt, sich zu fragen, ob es Normen geben sollte oder nicht (das wäre, als würden wir uns fragen, ob es gut ist, dass es die Kultur gibt), sondern zu wissen, ob man den Mut aufbringt, sich im gegebenen Moment über die eine oder andere dieser Normen hinwegzusetzen oder nicht.

Als Psychotherapeut und Experte für geistige Gesundheit versichere ich dir, dass es für eine gesunde

Entwicklung der menschlichen Psyche keinen besseren Begriff gibt als **Autonomie**.

Das Wort »Autonomie« setzt sich zusammen aus »auto« (*selbst*) und »nomos« (*Norm, Gesetz*). Autonom ist also jemand, der seine eigenen Normen aufstellt und in der Lage ist, seine eigenen Regeln völlig frei zu definieren.

So frei, dass sie sogar mit den Regeln der Gesellschaft, in der er lebt, übereinstimmen können …

So frei, dass er gar nicht anders kann, als diese Regeln zu achten und einzuhalten …

Dieser Begriff sollte jedoch nicht mit der landläufigen Vorstellung von Aufbegehren verwechselt werden. Ich spreche hier nicht von Rebellion und auch nicht von gelegentlichen Regelverstößen. Ich spreche von einer Haltung unbedingter **Verantwortlichkeit,** das heißt einer Entscheidung, für die einzustehen ich bereit bin.

Ich spreche vom kreativen Denken.

Es geht darum, meine Prinzipien und mein Verhalten über jeden blinden Gehorsam zu stellen und über dessen Bruder im Geiste: den (blinden) Ungehorsam.

Noch einmal: Normen aufzustellen heißt keinesfalls, die Regeln der anderen abzulehnen, sondern einfach, über die eigenen Regeln zu bestimmen.

Wenn es sich dabei um einen erwachsenen, reifen Akt handelt (und nicht um einen Versuch jugendlicher Selbstbestätigung), kann es sein – und passiert immer wieder –, dass meine Regeln mit denen meines Nachbarn übereinstimmen. Was sollte mich daran verwundern? Wir leben am selben Ort, haben ähnliche Gewohnheiten, teilen Dinge, die uns beide betreffen, und folgen Grundsätzen, die wir beide gutheißen. Wieso sollten wir nicht auch eine gemeinsame Ethik und gemeinsame moralische Vorstellungen haben?

Der Ungehorsam

Ich weiß, es ist ein Vorurteil, aber mir persönlich machen die Fügsamen mehr Angst als die Ungehorsamen. Ich fand schon immer, dass die größten von Menschen verursachten Katastrophen von jenen verantwortet wurden, die später sagten, sie hätten »sich doch fügen müssen«.

Und es ist eine Tatsache, dass es den großen Eigensinnigen in der Regel nicht gut ergangen ist. Doch können wir uns zumindest mit der Feststellung trösten, dass dies für die Nachgeborenen nicht gilt, die von der manchmal unfreiwilligen Courage der Ungehorsamen profitierten.

Wie wir gesehen haben, beginnt die Geschichte der Menschheit damit, dass Adam und Eva Gottes Gebot missachten und von der verbotenen Frucht essen. In gewisser Weise durchschneiden sie damit die Nabelschnur, die sie mit Gott verband. Es ist dieser Akt des Ungehorsams, der dieses erste Band des Lebens im Paradies durchtrennt und sie zu Individuen macht.

Seither, und bis zum heutigen Tage, entwickelte sich der Mensch fast immer dadurch weiter, dass er sich ungehorsam verhält.

Die Evolution der Menschheit war nur möglich, weil es Männer und Frauen gab, die es wagten, nein zu sagen:

Nein zu einem Verbot, angeordnet von der herrschenden Macht.

Nein zu einer Tradition, die unverrückbar erschien.

Nein zu Gebräuchen, die zu missachten gefährlich war.

Nein zur vorgegebenen Ordnung, an die zu rühren selbstmörderisch erschien.

Was Adam und Eva für die jüdisch-christliche Mythologie sind, ist Prometheus für die griechische Mythologie. Auch die hellenische Zivilisation basiert auf einem Akt des Ungehorsams.

Indem Prometheus das Feuer raubt, das sich bis

dahin in den Händen der Götter befand, und es den Menschen gibt, ebnet er den Weg zur Evolution des Wissens und erleichtert dem Menschen das Leben. Wie Adam und Eva wird auch Prometheus für seinen Ungehorsam bestraft (in seinem Fall, indem er für alle Ewigkeit in Ketten geschlagen wird). Aber Prometheus ist nicht nur ein Mensch, er ist ein Held. Vielleicht zeigt er deshalb weder Reue noch bittet er um Vergebung. Im Gegenteil, er ruft stolz aus:

»Lieber bin ich an diesen Felsen gekettet, als ein fügsamer Diener der Götter zu sein.«

Freiheit manifestiert sich in einem Akt des Ungehorsams, wie es uns Prometheus lehrt. Und Ungehorsam ist auch der erste Schritt zur Erkenntnis von Gut und Böse, wie es uns die Bibel erzählt.

Wenn sich ein Mensch nur FÜGT, ist er ein Sklave. Wenn er nur AUFBEGEHRT, ist er starrsinnig. Es mag unglaublich erscheinen, aber keiner von beiden ist frei.

Um ungehorsam zu sein, müssen wir den Mut haben, alleine dazustehen, den Mut, Fehler zu machen und wieder von vorne beginnen zu müssen, und den Mut, den Preis für unser Aufbegehren zu zahlen.

Nach Erich Fromm hat im Laufe der Geschichte fast immer eine Minderheit über die Mehrheit geherrscht, und angesichts dieser Verhältnisse erschien es den Mächtigen nützlich, den Gehorsam mit der Tugend und den Ungehorsam mit der Sünde gleichzusetzen. Diese Ausübung von Herrschaft basierte darauf, dass die guten Dinge des Lebens nicht für alle reichten. Wenn die Machthaber nicht nur in den Genuss dieser Dinge kommen wollten, sondern die anderen ihnen auch noch dienen sollten, indem sie für sie arbeiteten, war zunächst ein weiterer Schritt nötig: Die Mehrheit musste lernen zu gehorchen.

Natürlich, so Fromm weiter, lässt sich Gehorsam mit Gewalt durchsetzen; allerdings hat diese Methode viele Nachteile. Erstens ist da die ständige Bedrohung, dass die vielen eines Tages die Mittel besitzen, die wenigen zu stürzen. Zweitens kostet diese Form der Unterjochung zu viel Geld und das Leben von Untergebenen. Und drittens können viele Arbeiten nicht adäquat ausgeführt werden, wenn der Gehorsam nur auf Angst beruht.

Gehorsam musste folglich aus dem Menschen selbst kommen. Der Mensch musste sich danach sehnen zu gehorchen, sogar ein Bedürfnis danach haben, statt sich nur vor Repressalien zu fürchten. Um das zu erreichen, so der deutsch-amerikanische Psychoanalytiker, muss die Autorität die Eigenschaften des Höchsten Guts, der Höchsten Weisheit für sich beanspruchen und, wenn das geschehen ist, verkünden, dass Ungehorsam ein Vergehen und Gehorsam eine Tugend sei.

Man kommt nicht umhin, sich zu fragen, weshalb jemand Fügsamkeit als etwas Gutes hinnehmen sollte. Vielleicht gibt Fromm selbst die beste Antwort: »Nur so ist es ihnen möglich, sich nicht selbst als feige zu verachten.«

Aus psychologischer Sicht gibt es noch weitere Gründe:

– Wenn du dich freiwillig auf die Seite des Machthabers stellst, hast du zumindest tangential an der Macht teil, der du dich unterwirfst.
– Wer nur gehorcht, fühlt sich sicher und behütet und hält sich darum für stark.
– Wer gehorcht, macht keine Fehler, selbst wenn er im Irrtum ist, weil eine höhere Macht für ihn entscheidet (»Wer befiehlt, hat recht«, sagt der Volksmund).
– In gewisser Weise ist man nie allein, denn die Macht ist immer bei dir, während sie dich kontrolliert.

Jetzt verstehen wir die Neigung des **Ignoranten** zu gehorchen, aber auch die Probleme, die der **Suchende** mit seinem natürlichen Drang, alles in Frage zu stellen, aufwirft …

Wenn ein Suchender sich traut, nein zu den Regeln der Macht zu sagen, und es zudem wagt, seine eigenen Regeln aufzustellen, dann handelt es sich nicht nur um einen Abtrünnigen, sondern wir laufen als Gesellschaft auch Gefahr, dass diese Regeln von anderen übernommen werden.

Aber: »Ich will dir meine Werte nicht aufdrängen, sondern respektiere deine«, sagt der Suchende. »Und du kannst deine eigenen haben, solange du meine respektierst. Ich verspreche, dass ich nicht versuchen werde, dir jene aufzunötigen, für die ich mich entschieden habe. Wie könnte ich sonst überrascht sein, wenn jemand anderes (vielleicht sogar du) mich zwingen wollte, mich nach seinen Werten zu richten? Da du die freie Wahl hast, entscheidest du dich vielleicht am Ende genauso wie ich, und es wird leicht sein, uns zu einigen. Vielleicht entdecken wir sogar eine Gemeinsamkeit zwischen uns, die schon existierte, bevor wir uns begegneten.«

Intelligenter Gehorsam

Für mich ist der einzig gesunde Gehorsam der intelligente Gehorsam: der Gehorsam desjenigen, der sich nur dann unterordnet (erschrick nicht, wenn du das liest), wenn er es für richtig hält.

Ich spreche auch von **aktivem Gehorsam**, um ihn zu unterscheiden von dem Gehorsam, den man nicht als solchen bezeichnen kann: die Widerborstigkeit desjenigen, der zum Beispiel auf die Aufforderung, heute Abend ins Kino zu gehen, antwortet:

»Einen Teufel werde ich tun! Jetzt, nachdem du das gesagt hast, gehe ich ganz bestimmt nicht! Ich wäre gern ins Kino gegangen, aber ich will nicht nach deiner Pfeife tanzen, darum … Ich denke gar nicht daran, vor die Tür zu gehen!«

Das ist **passiver Gehorsam** und kein Ungehorsam. Denn in gewisser Weise füge ich mich, ohne es zu merken.

Aber nicht immer ist es so einfach wie in diesem Beispiel. Es gibt eine wichtigere Weisung als die Aufforderung, hierhin oder dorthin zu gehen. Es ist die, die mir sagt:

Tu nicht, was du eigentlich tun willst.
Tu etwas, das auf dem beruht, was ich sage.
Mach, dass ich mich mächtig fühle.

Manchmal bedeutet authentisch zu sein, mich hinzusetzen, wenn ich müde bin, unabhängig davon, ob meine Interessen mit der erhaltenen Anweisung übereinstimmen. Ich bin so frei von dem, was man mir sagt, dass ich es nicht als Befehl empfinde.

Die Konditionierung durch die Gesellschaft ist unvermeidlich, und ich bin sogar bereit einzuräumen, dass sie notwendig ist. Wir können nicht ohne sie sein, wohl aber können wir ihren Einfluss auf unsere Entscheidungen in Frage stellen.

Das Aufbegehren des Suchenden besteht darin, sich seines Handelns bewusst zu werden und sich zu fragen, was er wirklich will (es klingt unglaublich, aber das ist am Anfang unglaublich schwer).

Erst danach ist es an der Zeit, darüber nachzudenken, ob man etwas tut, weil es einem gesagt wurde, oder weil man selbst es so entschieden hat.

Eine der wichtigsten Eigenschaften des Suchenden ist, dass er nicht länger abhängig sein will. Seine Waffe ist es, Grenzen zu setzen, und sein Aufbegehren besteht darin, es in angemessener Weise zu tun.

Ein Suchender lernt, nein zu sagen.

Und seine Neins sind eine Feststellung. Die Feststellung des **Ich will nicht**, des **Ich bin nicht einver-**

standen und manchmal auch eines keinesfalls beschämenden **Ich weiß nicht**.

Der Suchende weiß, dass er nicht weiß,

und kann von diesem Punkt aus daran arbeiten zu wissen.

Zu wissen, um frei zu sein,

und sich freizumachen, um ein deutliches Nein zu äußern.

Doch um dieses Nein zu lernen, muss man zuerst lernen, ja zu sagen.

Man muss ein sicheres Ja entwickeln, ein echtes, überzeugtes Ja.

Der Unwissende ist selbst in der größten Aktivität passiv. Er handelt nicht aus seinem Sein heraus, sondern in dem Versuch, sein Selbstbild zu wahren. Denn der wahre Motor seines Handelns ist, wie wir gesehen haben, die Vorstellung, die er von sich selbst hat.

Deshalb ist sein **Ja** ein automatisches.

Es ist das **Ja** der Verpflichtung, des Stolzes auf die erfüllte Pflicht, des guten Staatsbürgers, der aufopferungsvollen Mutter, des Märtyrers oder des Resignierten.

Es ist ein **Ja**, das von außen motiviert ist. Es ist immer abhängig von der Bestätigung von außen. Es geht ihm stets darum, den anderen oder sich selbst etwas zu beweisen.

Ist der Ignorant eine angepasste Person, wird er zu beweisen versuchen, dass er so ist, wie die anderen ihn haben wollen.

Ist er rebellisch, wird er beweisen wollen, dass er nicht so ist, wie die anderen ihn haben wollen, ganz im Gegenteil.

Hat er sich dafür entschieden, ausweichend zu sein, wird er zu erreichen versuchen, dass niemand weiß, wie er wirklich ist.

Der Ignorant sagt fast immer ja, weil er alles hinnimmt; und wenn er nein sagt, dann deshalb, weil er gelernt hat, dass man in diesen Fällen nein sagen sollte.

Ein Stich von Andry zeigt für mich die unterschiedlichen Etappen eines Suchenden.

Es mag daran liegen, dass ich dieses Bild liebe, aber ich finde mich in jedem Detail wieder.

In der Bildmitte befindet sich der zum Suchenden gewordene Ignorant, dargestellt durch den festgebundenen Baum. Er wurde festgebunden, damit er gerade wächst, ohne eigenen Willen, klaglos sich nach dem richtend, was ihm von außen auferlegt wurde, sich vom Lauf der Dinge leiten lassend. Doch

die Stricke vermochten es nicht, ihn zu bezwingen; er ist der Suchende in seinen Anfängen, noch an seinen Beschützer gelehnt, aber gleichzeitig darum bemüht, seine Krone weit auszubreiten.

Der **Suchende** steht in einem heiklen Verhältnis

zu dem, was die Gesellschaft ihm vorgibt. Und es folgt ein Kampf gegen die vorgegebenen, von der Kultur festgelegten Normen: die vermeintliche, immer wieder verteidigte »natürliche Ordnung«. Bei dieser Auseinandersetzung sind Verletzungen und Verluste an der Tagesordnung. Deshalb ist der Baumstumpf links im Bild ebenfalls ein Suchender. Es ist der Suchende in der zweiten Phase, nachdem er sich mit vielem auseinandergesetzt und verloren hat, was nie zu ihm gehörte.

Eine alte Geschichte erzählt von einem betagten Propheten, der einen Traum hatte …

Der Traum sagte voraus, dass eines nicht allzu fernen Tages ein starker Regen fallen würde. Wie in einer Offenbarung sah der Alte in seinem Traum, wie die Menschen von dem Wasser tranken und augenblicklich verrückt wurden, völlig verrückt. Als der Traum immer wiederkehrte, begann der alte Prophet zu denken, dass es sich um eine göttliche Offenbarung handele.

Da er in einer Einsiedelei fernab der Gesellschaft lebte, stieg er ins Dorf hinab, wo viele seiner Freunde lebten, um ihnen zu sagen, was ihm im Traum eröffnet worden war: dass bald ein heftiger Regen fallen würde und jeder, der davon trank, dem Wahnsinn anheimfallen werde. Nachdem er das getan hatte, forderte er sie auf, Wasser zu sammeln, damit sie an dem Tag, an dem der Regen kam, nicht das Wasser aus den Brunnen und Flüssen tränken, denn dann wäre es um sie geschehen.

Die Leute hielten das Ganze für eines der üblichen Hirngespinste des Alten und sagten ja, ja, ist ja gut, als sprächen sie mit einem Verrückten. Er aber dachte, er hätte sie überzeugt.

In den darauffolgenden Tagen träumte er immer wieder von dem Regen. Also ging er erneut ins Dorf hinunter, um zu sehen, ob die Leute Wasser gesammelt hatten. Alle sagten: Ja, klar, natürlich.

Schließlich war der Tag der Prophezeiung gekommen, und es begann zu regnen. Das Wasser war grünlich, und der Alte wusste sofort, dass dies der vergiftete Regen war. Natürlich hatte er für alle Fälle große Mengen an Wasser in Fässern und Tonnen aufgefangen. Er trank nicht länger aus den Brunnen und Flüssen, sondern beschränkte sich auf das Wasser, das er in seinem Haus gehortet hatte.

Als der Regen zwei Tage später nachließ, ging der Alte zum dritten Mal ins Dorf hinunter. Etwas Merkwürdiges war geschehen: Die Menschen waren entzweit, keiner traute dem anderen, alle waren zerstritten, jeder wollte besitzen, was dem anderen gehörte, und beanspruchte den gemeinschaftlichen Besitz für sich. Die Menschen gingen ins Haus des Nachbarn, um ihm zu sagen, dass das Haus ihnen gehöre; einige besetzten die Plätze, andere raubten und stahlen, und alle zankten und stritten unaufhörlich. Sie lachten auch über sinnlose Dinge und weinten in einem fort. Kurzum, sie benahmen sich wie Verrückte.

Der alte Prophet blieb auf dem Dorfplatz stehen und sagte:

»Hört mich an … Seht ihr, was mit euch los ist? Ihr seid so, weil ihr wahrscheinlich kein Wasser gesammelt habt. Ihr habt das verseuchte Wasser getrunken. Aber ich habe genug Wasser für alle aufgefangen; trinkt nicht länger aus den Flüssen und Brunnen, denn das wird euch schaden. Ich habe Wasser. Ich bringe es euch später.«

Die Leute aus dem Dorf schütteten ihm das Wasserfass über den Kopf und sagten ihm, er sei verrückt. Dann schickten sie ihn auf demselben Weg zurück, auf dem er gekommen war. In dieser Nacht aber träumte der Alte erneut. Allein in seiner Hütte, konnte er im Traum sehen, wie die Menschen für immer dem Wahn verfielen, wenn sie länger als sieben Tage von diesem Wasser tranken.

Am nächsten Morgen ging er zum vierten Mal hinunter. Diesmal hatte er mehrere Fässer dabei und sagte zu den Dorfbewohnern:

»Es kostet euch nichts, mich anzuhören. Ihr trinkt das verseuchte Wasser, und das wird euch verrückt machen, wenn sieben Tage vergangen sind. Nehmt von diesem hier, ich habe genug für alle.«

Die Leute lachten zuerst über ihn und bewarfen ihn dann mit Steinen, bis er ging. Aber der Alte gab nicht auf und kam am nächsten Tag wieder. Diesmal wurde er geteert und gefedert und mit Fußtritten aus dem Dorf getrieben.

Resigniert blieb der Einsiedler viele Tage in seiner Klause, ohne erneut ins Dorf zu gehen. Er trank nur das Wasser, das er gesammelt hatte, denn der Prophezeiung zufolge war das Wasser einen Monat lang verseucht.

In dieser ganzen Zeit saß der Alte traurig in seiner Hütte. Doch nach Ablauf der Frist ging er erneut ins Dorf hinunter. Die Prophezeiung war in Erfüllung gegangen: Die Menschen waren unwiederbringlich verrückt geworden.

Der Alte wurde sehr traurig … Er hatte durch diesen Vorfall all seine Freunde verloren … Er konnte mit niemandem mehr reden … Keiner verstand ihn, alle sagten, er sei verrückt geworden.

Da ging er in die Häuser seiner Freunde, suchte die Brunnen, in denen nach wie vor das verseuchte Wasser stand, und trank in den nächsten sieben Tagen nur von diesem …

Es ist sehr anstrengend, den Gedanken auszuhalten, der einzig Vernünftige unter lauter Verrückten zu sein. Deshalb gibt es nur so wenige, die sich auf die Suche nach der Weisheit machen.

Aber wie wir sehen, wächst der Baum auf dem

Bild weiter, trotz des tiefen Schnitts, den man ihm zugefügt hat.

Für mich gibt es noch einen dritten Suchenden auf dem Bild. Es handelt sich um den kleinen Schössling am rechten Bildrand. Er versinnbildlicht die dritte Etappe des Suchenden oder auch das Heranwachsen einer neuen Generation, die in Freiheit geboren ist: die Kinder unserer Kinder, die dank unserer Suche nicht zurechtgestutzt und an einen starren Pfahl gefesselt werden.

Erfahrung als Gefahr

Der Verstand ist so etwas wie ein Rückspiegel: Er ermöglicht es uns, auf Vergangenes zurückzuschauen, zu sehen, wer uns folgt, und zu erkennen, wann es an der Zeit ist, innezuhalten oder einen Schritt zurück zu machen.

Genau wie der Rückspiegel deines Autos erfüllt dein Verstand eine wichtige Funktion.

Aber stell dir vor, was passieren würde, wenn du nur noch in den Rückspiegel schauen und versuchen würdest, dein Auto zu steuern, während dein Blick unentwegt auf den bereits zurückgelegten Weg gerichtet ist …

Kein Zweifel, du wärst in Gefahr.

Der Verstand ist einer der Orte, mit denen du deine Vergangenheit wahrnimmst, und er ist der Ort, an dem deine Erfahrung sitzt. Nutze sie – sie ist wichtig, aber nutze sie nur, wenn es nötig ist …

Ist Erfahrung etwa kein großartiges Werkzeug? Natürlich. Aber man darf sie auch nicht überbewerten.

Manchmal lehrt dich eine wichtige Erfahrung nur wenig über die Wirklichkeit.

Umgekehrt kannst du aus einer unwichtigen Erfahrung sehr viel über die Wirklichkeit lernen.

Es gibt auch Situationen, in denen eine tiefgreifende unangenehme Erfahrung nichts als Angst hinterlässt, und das zu lernen ist nichts Gutes.

Erkenntnis, wenn wir das wichtigste Ziel unseres Lebens so nennen wollen, erwächst aus gelebten Erfahrungen und nicht aus reiner intellektueller Übung.

Nützliche Erfahrungen macht nur, wer auf Erlebtes zurückblicken kann.

Mein Vorschlag lautet also, dass du, auch wenn du Fehler machst, begreifst, dass es gut war, diese Fehler zu machen. Mit Sicherheit hast du irgendetwas aus deinen Fehlern gelernt. Vielleicht hast du gelernt, dass dies nicht der richtige Weg, der richtige Zeitpunkt oder die richtige Person ist. Vielleicht merkst du, dass diese Sache nichts für dich ist. Wer weiß …?

Wir müssen genau deswegen Fehler machen, weil man uns von Kindesbeinen an sagt, dass wir versuchen sollen, keine Fehler zu machen. Das ist eine der wichtigsten Lehren in allen Gesellschaften der Welt. Und es ist die gefährlichste und schädlichste.

Wenn ich (fälschlicherweise) tausend Kinder darauf drillen wollte, bei jeder ihrer Entscheidungen und Handlungen alles richtig zu machen; wenn ich eine Gesellschaft von Wunderkindern wollte (was ich nicht will), die sich nie irren; wenn ich (aus welchen niederen Beweggründen auch immer) vorhätte, eine Welt voller erfolgreicher Menschen zu schaffen, die stets ihre Ziele erreichen – ich müsste nichts anderes tun, als die Kinder vom Vorschulalter an dazu zu ermuntern, so viele Fehler wie möglich zu machen, unter einer einzigen Bedingung: dass es immer neue Fehler sind.

Ich bin mir völlig sicher, wenn Erziehung so aussähe, würden Kinder ihre Erfahrungen machen, sie würden innerlich wachsen und mehr und mehr dazulernen.

Doch unsere Erziehung ist weit davon entfernt, diesen Weg zu gehen, auch wenn behauptet wird, dass sie dieses Ziel verfolge. Wir sind darauf trainiert zu glauben, dass wir jemanden brauchen, der uns sagt, was angebracht ist und was unangebracht, was richtig ist und was falsch, was wir tun und wer wir sein sollten. Einen Aufseher, der uns daran erinnert, dass Gehorsam die höchste Tugend ist, um uns dann mit Pflichten zu überhäufen und so unserem Leben Sinn zu geben.

Darauf sind wir gedrillt. Es ist traurig zu sagen, aber nur so fühlen wir uns sicher. Als Opfer dieser Konditionierung leben wir von Kind an in der Angst, in eine andere Richtung zu wachsen als jene, die uns die Stricke, die uns leiten wollen, vorgeben. Wir spüren die Einladung des Lebens, nicht länger in Abhängigkeit zu verharren, aber solange wir unwissend sind, wollen wir nicht wachsen. Wir würden gern für immer Kind bleiben. Und da wir das nicht mehr sind, bleibt uns nichts anderes übrig, als so zu tun, als ob.

Dabei hilft uns die eindringliche Mahnung, die bedrohlich über unseren Köpfen schwebt: »Entferne dich nicht von der Herde! Der Preis (so hat man es uns Tausende Male gesagt) wäre unerträglich: Einsamkeit, Verachtung, Liebesentzug, Schutzlosigkeit und Verlassenheit.«

Und so sind wir voller Angst, weil wir unsere eigene Stärke nicht kennen und uns auf schmerzliche Weise ein unbestimmtes Gefühl begleitet: Eines Tages werden wir entdecken, dass manch einer, den wir in unserer Schwäche für einen Beschützer hielten, in Wirklichkeit kein aufrichtiger Freund war.

Ein Suchender versucht, nicht in Illusionen zu leben. Vielleicht löst er sich deshalb aus dem Schutz der anderen.

Die Suchenden der dritten Phase gehen nicht mit der Herde. In vielerlei Hinsicht gleichen sie dem Löwen, von dem Nietzsche einmal spricht:

Durch Zufall begegnet ein Löwe einem anderen Löwen. Sie sehen sich voller Einverständnis an, erkennen einander achtungsvoll in ihrer gegenseitigen Würde. Da sind kein Schmeicheln und kein Neid. Vielleicht kämpfen sie im Spiel miteinander, ihre Kraft bewundernd. Vielleicht laufen sie in eine Richtung, des jeweils anderen Schönheit und ihr stilles Einverständnis bestaunend. Doch nicht lange, und sie gehen wieder ihrer Wege.

Wer noch in Unwissenheit lebt, bewundert insgeheim diese »Löwen«. Gleichzeitig macht er ihnen ihre Freiheit, ihr Ungebundensein und ihre Unabhängigkeit zum Vorwurf. Vor allem aber – und das ist oft ein trauriges und schmerzliches Erwachen – kann der Ignorant zwei Dinge nicht ertragen: sich selbst in Frage zu stellen, wozu der Anblick des Suchenden ihn zwingt, und das Bild der eigenen Bedeutungslosigkeit, das dieser ihm vor Augen führt, ohne dass dies in seiner Absicht läge.

Es ist fast ein Gesetz, dass kaum einer beim anderen ertragen kann, was er sich selbst nicht zugesteht.

Der Suchende merkt das, und es ist ihm nicht gleichgültig, wenn er erkennt, dass die Unwissenden ihn immer misstrauischer und mit zunehmender Distanz betrachten, je weiter er auf dem Weg der Erkenntnis vorankommt.

Niemand streichelt ihm mehr über den Kopf, und schon gar nicht bietet man ihm eine Schulter zum Anlehnen. Nur wenige suchen noch seine Nähe.

Und jene, die es tun, werfen ihm früher oder später vor, dass er so ist, wie er ist, im Grunde aber vor allem, dass er nicht mehr so ist, wie er einmal war.

Viele Suchende geraten für einen kurzen Moment in Versuchung umzukehren.[26] Irgendwann sehen wir von dort, wo wir heute stehen, die Schemen all jener Menschen, die wir zurückließen, geschützt von der gegenseitigen Wärme, mit ihren Körpern einen einzigen, amorphen Körper formend, alle miteinander die Sicherheit atmend, die darin liegt, gleichzeitig dieselbe Luft zu schöpfen … Und wir überlegen, ob es uns damals nicht besser ging.

Es ist keine Reue, sondern das Hinterfragen der

---

26 Manche glauben, dass diese Versuchung immer gegeben ist … Ich glaube das nicht.

eigenen Entscheidung – eine weitere Charaktereigenschaft der Suchenden.

Doch gleich darauf erinnern wir uns, dass dieses Wohlgefühl den Verzicht nicht wert ist, und merken, dass wir nicht länger bereit sind, den Preis dafür zu bezahlen: mit unserer Freiheit, unseren Rechten, der Möglichkeit, das Leben ohne Vorwürfe und Schmeicheleien zu leben, ganz still und im Hier und Jetzt.

Nur die eben erst angekommenen Suchenden, die noch allzu sehr damit beschäftigt sind, unter Beweis zu stellen, dass sie nicht länger zu den Ignoranten gehören, empfinden Unwillen gegenüber der Vergangenheit, die sie daran erinnert, wer sie einmal waren.

Tatsächlich ist der Suchende ein Mensch, der seine Vergangenheit überwunden hat, aber nach wie vor mit ihr verbunden ist.

Und dies ist ein weiterer Grund für die Auseinandersetzung zwischen dem Suchenden und der Gesellschaft, die ihn hervorgebracht hat. Auch deshalb, aber nicht nur deswegen, klagt er an, verärgert, verstört, stellt Dinge in Frage, stößt Veränderungen an, ist unbequem und hält unbeirrt an seinen Wünschen fest.

Er ist überrascht, wenn er merkt, dass er keine Last mehr auf seinen Schultern trägt; er braucht nun keine Pflichterfüllung mehr, um sich den anderen und sich selbst gegenüber wertvoll zu fühlen.

Je mehr Zeit vergeht, desto weniger fürchtet er sich vor dem Leben oder wem auch immer. Er findet Gefallen daran, ungehorsam zu sein und sich gegen alles Althergebrachte aufzulehnen, gegen jede Autorität und jede Macht.

Ein Suchender zu sein bedeutet, Risiken in Kauf zu nehmen.

Wer handelt, kann Fehler machen und macht Fehler, im Gegensatz zu dem, der nicht handelt.

Wer Entscheidungen trifft, ist selbst für seine Fehler verantwortlich, im Gegensatz zu dem, der gehorcht.

Und das alles ist gut so, denn auf diesen Fehlern beruht die innere Entwicklung des Menschen.

Die Arbeiten des Herkules

Wie der berühmte griechische Held muss auch der Suchende einige Prüfungen bestehen, um sich in die richtige Richtung entwickeln zu können.

Auch du wirst, willst du nicht vom rechten Weg abkommen, sieben Aufgaben meistern, sieben Lektionen lernen, sieben Brücken überschreiten müssen, die dich der Wahrheit näherbringen.

1. Verantwortung

Bei der Ankunft in Data stellt dein Kopf, dein Verstand, dein analytisches Denken fest, dass Schuldgefühle eine schlechte Gesellschaft sind. Und du bist versucht, daran zu glauben, dass es immer jemanden gibt, den man für alles Schlechte verantwortlich machen kann, das einem widerfährt. Auf diesem Irrweg sind es immer die anderen, die für deine Probleme verantwortlich sind: deine Frau, dein Mann, deine Eltern, deine Kinder. Das Finanzsystem, die Gesellschaft, der Kapitalismus, der Kommunismus, der Faschismus, die herrschende politische Ideologie, die gesellschaftlichen Strukturen oder das Schicksal, dein Karma, Gott oder eine Mischung aus all dem … auf diesem Irrweg ist es immer etwas außerhalb von dir Stehendes, das deine Probleme verursacht. Und sehr wahrscheinlich findest du für einen Moment Erleichterung darin, die Verantwortung auf andere zu schieben. Aber es kommt auch vor, dass in dem Moment, in dem du »herausfindest«, wer oder was für dein Unglück verantwortlich ist, ein anderes, vielleicht noch gravierenderes Problem auftaucht: Du kannst nun nichts mehr tun, um etwas daran zu ändern. Es liegt nicht mehr in deiner Hand.

Und du sagst dir:

»Wie kann man in einer ungerechten (kulturlosen, unterdrückten) Gesellschaft glücklich sein?«

»Wie kann man in einem so materialistischen (bürokratischen, unterentwickelten) Land glücklich sein?«

»Wie kann man glücklich sein, wenn der Bruder, die Schwester, der Sohn, die Tochter, der Vater, die Mutter es nicht sind?«

»Wie kann man glücklich sein, wenn man vierzehn Stunden am Tag eine Arbeit machen muss, die einem keinen Spaß macht?«

»Wie kann man mit einem Partner glücklich sein, der sich nicht um einen kümmert und einem keinen Freiraum lässt?«

Ausreden über Ausreden.

An diesem Punkt gibt es nur drei Möglichkeiten:
a) Du wirst ein idealistischer Träumer, ein messianischer Mystiker oder ein prophetischer Prediger und beginnst der Welt zu verkünden, wenn sich alles ändern würde, wenn es soziale Gerechtigkeit gäbe, wenn sich das Blatt wendete, wenn alle Menschen einander liebten und alle Menschen im ganzen Universum dich liebten, dann, ja dann … dann wird alles eitel Glückseligkeit sein. Doch solange das nicht eintrete, könne es kein Glück geben.

b) Du wirst paranoid und beginnst dir Verschwörungstheorien zusammenzureimen, in denen sich die ganze Welt gegen dich verbündet. Du entwickelst immer neurotischere Züge, um dich vor ihrer Feindseligkeit und Grausamkeit zu schützen. Oder …

c) Oder du entschließt dich, das Ruder deines Schiffes herumzureißen, und stellst fest, dass dein Leben vor allem von dir abhängt. Du erkennst an, dass niemand anders Schuld trägt an dem, was dir geschieht. Wenn dir Böses widerfährt, dann trägst du immer eine Mitschuld daran. Was du bist, lebst und tust, ist immer das Ergebnis dessen, was du selbst geschaffen hast.

Ich bin selbst für mein Leben verantwortlich, für all mein Leid, meinen Schmerz, für alles, was mir widerfahren ist und noch widerfahren wird. Ich habe es mir so ausgesucht. Es ist die Saat, die ich gesät habe, und nun fahre ich die Ernte ein. Ich trage die Verantwortung …

Osho

Der wahre Suchende entwickelt sich weiter, er lernt und entdeckt, dass stets er selbst für das verantwortlich ist, was geschieht.

Wenn du dich dieser Herausforderung stellen willst, dann sag nicht: Das erledige ich morgen. Morgen liebe ich, morgen höre ich auf zu rauchen, morgen fange ich mit der Diät an. Wenn du es wirklich willst, warum dann morgen? Warum nicht jetzt? Warum es verschieben?

Verschieben ist ein fauler Trick, die Zeit dafür verantwortlich zu machen, dass wir uns nicht dazu durchringen können, eine bestimmte Sache in Angriff zu nehmen.

Das Leben bekommt eine ganz neue Dimension, wenn du entdeckst, dass du jederzeit mit allem aufhören kannst, wozu du keine Lust hast. Du kannst jede Sache, jede Situation, jeden Gedanken fassen und wieder lassen, wenn du dich dazu entschließt. Dir ist bewusst, dass dieses Loslassen schmerzlich sein kann – und manchmal ist es das auch –, aber du weißt dennoch genau, dass es dadurch nicht unmöglich wird.

Du stellst fest, dass du verletzlich bist, aber nicht unbedingt zerbrechlich.

Und genau in dieser Verletzlichkeit liegt deine größte Stärke.

2. Verbindlichkeit

Wenn du die Verantwortung für dein Leben übernimmst, wird dich das zu einer verbindlichen Haltung führen. Wenn man niemanden hat, dem man die Schuld geben kann, *lebt man das Leben*, statt *durchs Leben zu gehen*, weil man sich ihm mit offenem Herzen hingibt.

Wenn du ein wahrer Suchender bist, lernst du, dich dem Leben ganz und gar zu öffnen, ohne Achtlosigkeit, Trägheit oder Zerstreuung. Wenn du tanzt, tanzt du mit deinem ganzen Sein; wenn du liebst,

liebst du voll und ganz. Wenn du da bist, bist du da. Wenn du gehst, gehst du ganz. Aber du bleibst niemals halbherzig, noch ist dir daran gelegen, den anderen in Erinnerung zu bleiben, wenn du nicht da bist.

Mit der Zeit wird der Suchende immer ehrlicher und fürchtet sich immer weniger vor Meinungsverschiedenheiten, Streit oder Einsamkeit, weil ihm klar wird, dass dies zuweilen der Preis für seine Selbstbestätigung und seine klare Hinwendung zu den Dingen ist.

Mit der Zeit stellt der Suchende fest, dass er ehrliche, wenngleich vielleicht schmerzhafte Kritik dem halbherzigen, unaufrichtigen Lob vorzieht.

Was er tut, tut er intensiv und so gut wie möglich. Und was ihm Spannungen, Beklemmungen oder Ängste verursacht, gibt er auf, ohne sich einen Vorteil daraus zu verschaffen. Er weiß, dies würde dazu führen, dass diese Dinge immer wieder zu ihm zurückkommen.

Er freut sich an dem, was er hat, und teilt und verschenkt es, weil er derselben Meinung ist wie die Sufis, die sagen: *Was immer dir das Leben gegeben hat, es ist nur geborgt.*

Aber Vorsicht – Verbindlichkeit und Engagement sind ansteckend, und für die Gesellschaft um dich herum kann das eine Bedrohung darstellen.

Ohne es zu wollen, kann ein Suchender in vielen

Ignoranten den Wunsch wecken, ein aktiveres, selbstbestimmteres, kritischeres und fordernderes Leben zu führen, und das wird von manchen eher anspruchslosen Gesellschaften als echte subversive Gefahr empfunden.

3. Akzeptieren

Die Wahrheit ist nicht bedrohlich, sie stellt lediglich Strukturen in Frage.

Sie ist nicht gefährlich, nur anders.

Man muss sie nicht neu erfinden, nur entdecken.

Man darf nicht warten, dass sie zu einem kommt. Sie ist schon da.

Man darf sich nicht über sie erheben; ihre Betrachtung verlangt nach einer Perspektive.

Du brauchst nicht deinen Verstand, um sie zu verinnerlichen, du musst vielmehr auf ihn verzichten.

Der Verstand lullt dich ein, setzt dir Grenzen, täuscht dich, lähmt dich mit Träumen aus der Vergangenheit, blendet dich mit Träumen von der Zukunft, bedrängt dich mit Träumen, wie die Dinge sein sollten, beseelt dich mit Träumen von großen Zielen, eigenen wie fremden.

Ich mag die folgende Geschichte sehr:

Es war einmal ein Mann, der brannte darauf, sich selbst zu erkennen und die Erleuchtung zu finden. Sein ganzes Leben lang hatte er einen Meister gesucht, der ihm die Wahrheit über das Leben beibrächte. Er war von einem Meister zum anderen gepilgert, doch nichts geschah.

Die Jahre vergingen. Der Mann war mittlerweile müde und erschöpft. Da sagte jemand:

»Wenn du wirklich deinen Meister finden möchtest, dann musst du nach Nepal gehen. Dort lebt ein Mann, der im Ruf steht, sehr weise zu sein. Niemand weiß, wo er genau lebt. Du musst dich selbst auf die Suche nach ihm machen. Eines aber steht fest: Es wird nicht einfach sein. Jene, die nach ihm suchten, erzählen, dass er sich noch tiefer in die Berge zurückzieht, wenn jemand ihn aufspürt.«

Der Mann war nicht mehr der Jüngste, aber er nahm all seinen Mut zusammen. Zwei Jahre war er unterwegs, zuerst auf Kamelen und zu Pferde und schließlich zu Fuß, bis er zu dem Ort am Fuß der Berge gelangte, wo seine Suche beginnen sollte.

Die Leute sagten zu ihm:

»Ja, wir kennen den Mann. Er ist sehr alt … Keiner weiß, wie alt er ist. Vielleicht dreihundert Jahre, vielleicht fünfhundert … Niemand weiß es. Er lebt dort oben, ja, aber den genauen Ort kennen wir nicht. Niemand weiß Genaueres, aber es ist bekannt, dass er sich irgendwo dort oben aufhält. Wenn du eifrig suchst, wirst du ihn finden.«

Der Mann suchte und suchte. Zwei Jahre streifte er

bis zur völligen Erschöpfung durch Nepal und ernährte sich von wilden Früchten, Blättern und Kräutern. Er war völlig abgemagert, aber er war entschlossen, den Mann zu finden. Es war die Mühe wert, und wenn es ihn das Leben kostete.

Eines Tages erfuhr der Suchende, dass der Alte in einer Hütte hoch oben in den Bergen lebe. Mit letzter Kraft stieg er zu der kleinen Strohhütte hinauf und näherte sich mit schleppenden Schritten der windschiefen Tür. Er stieß sie auf und sah den reglosen Körper eines alten Mannes auf dem Boden liegen.

Er trat ein und sah, dass es der Meister war …

Er war zu spät gekommen. Der Alte war tot.

Zutiefst erschöpft, gebeugt von Schmerz und Enttäuschung, sank der Mann auf den Boden.

Zwei Tage und zwei Nächte weinte er neben dem Toten, ohne sich von der Stelle zu rühren. Am dritten Tag erhob er sich und ging hinaus, um ein wenig Wasser zu trinken. Da stand er im Sonnenlicht und atmete die frische Bergluft ein. Und zum ersten Mal seit langer Zeit fühlte er sich erleichtert, heiter, glücklich … Noch nie zuvor hatte er ein solches Glück empfunden!

Plötzlich fühlte er sich wie von Licht durchströmt.

Plötzlich verschwanden alle Gedanken – ohne jeden Grund, denn er hatte nichts getan.

Und dann spürte er, dass jemand hinter ihm stand …

Er drehte sich um, und da sah er ihn. Der alte Mann,

der Meister, der Erleuchtete stand vor ihm und sah ihn lächelnd an.

Nach einer Weile sagte er:

»Du bist also endlich angekommen. Möchtest du mich etwas fragen?«

Und der Mann, der so lange nach ihm gesucht hatte, antwortete:

»Nein.«

Und beide brachen in schallendes Gelächter aus, das in den Tälern widerhallte.

Akzeptieren heißt, nicht länger getrieben zu sein. Nicht länger mit den Dingen zu hadern, weil sie nicht so sind, wie ich es will. Es heißt, mich meiner Unzulänglichkeit zu stellen, und vor allem heißt es aufzuhören, die äußere Wirklichkeit kontrollieren zu wollen.

Für die Hindus ist selbst diese Wirklichkeit, so wie wir sie wahrnehmen, ein Trugbild, eine Illusion, ein Traum: *Maya*. Das, was wir sehen, was wir riechen, was wir berühren und was wir essen; dieses Buch und ich, meine Worte und meine Person, *alles* ist eine Illusion.

Ich persönlich finde es sehr schwer, diese Denkweise anzunehmen … Aber warum sollten wir sie nicht als Vorwand für eine Erkundung unseres Inneren nehmen?

Wir könnten damit anfangen, bei einem Spaziergang durch die Straßen zu denken, dass die Passanten, denen wir begegnen, ein Traum sind. Dass die Geschäfte mit ihren Händlern und Kunden, die Menschen, die ihrer Wege gehen, die Autos und der Lärm nur ein Traum sind. Die Häuser, die Busse, der Zug und das Flugzeug, das am Himmel dröhnt – alles ein Traum.

Es könnte eine sehr interessante Erfahrung sein, wenn du dich wirklich darauf einlässt.

Vielleicht erlebst du eine Überraschung.

Ich verspreche dir, dass etwas mit dir geschehen wird.

Denn wenn man immer wieder denkt, dass alles eine Illusion ist, kommt man fast immer irgendwann ins Grübeln, ob man nicht vielleicht selbst eine Illusion ist.

4. Einfühlen

Buddha sagt:

Solange den anderen nicht Liebe widerfährt, bist du erst die Hälfte des Weges gegangen. Du musst noch ein wenig weiter gehen. Wahres inneres Wachstum quillt über vor Liebe. Es ist, als entzünde man eine Lampe: Im selben Augenblick breitet sich das Licht aus, und die Dunkelheit verschwindet. Ist das innere Licht erst einmal entzündet, wird sein Strahlen die Liebe sein.

Der hinduistische Philosoph Atisha schlägt eine Übung vor, die er »auf dem Atem reiten« nennt:

»Wenn du einatmest, dann stelle dir vor, dass du die Sorgen der ganzen Welt einatmest. Alles Dunkle, alles Negative, jede Hölle, die es gibt, das alles atmest du ein. Lass zu, dass dein Herz dies alles aufnimmt. Wenn du nun ausatmest«, so Atisha weiter, »so atme alle Freude aus, die du besitzt, alles Glück, das du empfindest, alle Wohltaten, deren du fähig bist.«

Du wirst denken, dass du falsch gelesen hast, dass es sich um einen Druckfehler handeln muss. So vieles hast du über fernöstliche Atemübungen gehört und gelesen. Unsere »Weisen« raten das genaue Gegenteil. Sie sagen: »Wenn du ausatmest, dann schüttle all deine Sorgen, alles Negative ab. Wenn du einatmest, nimm Glück, Freude und positive Gedanken in dich auf.« Nun, es ist kein Druckfehler. Atishas Methode ist das genaue Gegenteil.

Nimm alles Leid in dich auf und verteile alle Wohltaten. Du wirst dafür bewundert werden. In dem Moment, in dem du aus freien Stücken alles Leid in dich aufnimmst, ist es kein Leid mehr, weil dein Herz es sofort verwandelt.

Das Herz eines Suchenden besitzt die wandelnde Kraft der Liebe.

Und wenn das geschieht, teile deine Freude mit dem Universum.

Dies ist eine große Brücke …

5. Integration

Lebendig zu sein heißt, spontan sein, offenbleiben, verletzlich, unvoreingenommen, den Mut haben, urteilsfrei zu handeln.

Lebendig sein heißt, klug handeln, ohne an die Ratio gebunden zu sein.

Rational sein heißt schlussfolgern, auf die Logik zurückgreifen, die Realität an den Prozess des Denkens binden. Schlussfolgerungen zu ziehen bietet Sicherheit und Garantie. Denn die Schlussfolgerung ist vorhersehbar, jeder kann zu ihr gelangen. Jeder kann sie nachvollziehen. Ohne Ratio ist das Leben unschuldig, ungezwungen und voller Risiko. Es gibt keine Sicherheit, du kannst dich irren, du kannst fehlgehen.

Indem man immer wieder irregeht, lernt man, sich nicht zu verlieren.

Indem man immer aufs Neue Fehler macht, gelangt man zu der Erkenntnis, was ein Fehler ist.

Wenn man weiß, was ein Fehler ist, kommt man der Wahrheit immer näher.

Licht kann es nur geben, wo es Dunkelheit gibt. Warum also die Dunkelheit hassen?

Ohne Dunkelheit gäbe es kein Licht. Wer also das Licht liebt und die Dunkelheit hasst, befindet sich in einem Dilemma. Wenn es ihm gelingt, sich von dem freizumachen, was er verabscheut, wird er am Ende zerstören, was er liebt.

Es kann kein Leben geben ohne den Tod. Warum also den Tod hassen?

Der Tod ist der Kontrast, der Hintergrund, die schwarze Tafel, auf die mit weißer Kreide das Leben geschrieben wird.

Der Tod ist die Dunkelheit der Nacht, in der das Leben zu leuchten beginnt, wie die Sterne. Wenn du die Dunkelheit der Nacht zerstörst, werden auch die Sterne verschwinden.

Genau das geschieht während des Tages. Die Sterne sind nach wie vor da, aber da es zu hell ist, kannst du sie nicht sehen.

Es gibt Dinge, die nur durch den Kontrast sichtbar werden.

Weniger angenehme Dinge muss man integrieren.

Zu erkennen, dass es Polaritäten gibt, und sie anzunehmen, ist eine Kunst. Eine Kunst, die es uns ermöglicht, Leid, Schmerz und Böses so zu verwandeln, dass sich aus ihnen etwas Gutes ziehen lässt.

Wenn du die Welt in ihrer Gesamtheit wahrnehmen willst, musst du dein Bewusstsein für alles öffnen, was es in ihr gibt.

Niemand kann teilen, was er nicht hat, denn nur, was du in dir trägst, kannst du teilen.

Wie solltest du anderen helfen können, wenn du

das Gefühl hast, dass dir nie geholfen wurde? Und wie solltest du Hilfe erlebt haben, wenn du zuvor nicht verletzt wurdest?

Du kannst den anderen nichts weitergeben, was du nicht zuerst an dir erfahren hast.

Du kannst nicht lieben, wenn du dich nie geliebt gefühlt hast. Und auch nicht, wenn du dich selbst nicht liebst.

Wenn du dich selbst nicht erträgst, wirst du für die anderen unerträglich sein.

Du kannst nur dann ein Segen für das Leben anderer sein, wenn dein Leben ein Segen für dich ist.

6. Dankbarkeit

Auf die eine oder andere Weise haben alle dazu beigetragen, dass du der bist, der du bist. Sie haben dazu beigetragen, dass du dich wandeln kannst, was, wie wir gesehen haben, das Beste ist, was einem Suchenden passieren kann: Wandel.

Die Liebe ist der Duft, der beweist, dass in deinem Innersten die schönste aller Blumen aufgeblüht ist. Sie ist der Beweis, dass der Frühling angebrochen ist und du nicht mehr die Person bist, die du einmal warst. Sie ist der Beweis, dass du auf dem Weg bist.

Sei jenen dankbar, die dir geholfen haben, jenen, die dir Hindernisse in den Weg geworfen haben, und auch jenen, denen du gleichgültig gewesen bist. Deinen Freunden, deinen Feinden, guten wie schlechten Menschen, günstigen wie ungünstigen Umständen. Auch jenen, die denken, dass sie dir Steine in den Weg legen, und jenen, die versuchen, dir zu schaden. Denn all dies zusammen schafft den Kontext, in dem du dich verändern und deine Reise zur Weisheit fortsetzen kannst.

Ich erzähle dir eine Geschichte:

Einmal trat ein Mann zu Buddha und spuckte ihm wortlos ins Gesicht. Buddhas Schüler waren außer sich.

Ananda, sein Lieblingsschüler, sagte zu Buddha:

»Erlaube mir, diesem Mann zu zeigen, was er gerade getan hat!«

Buddha säuberte ruhig sein Gesicht und sagte zu Ananda:

»Nein. Ich werde mit ihm sprechen.«

Und die Handflächen zum Gruß aneinandergelegt, sprach er Folgendes zu dem Mann:

»Danke. Du hast es mir mit deinem Handeln ermöglicht, herauszufinden, ob ich noch Zorn empfinden kann oder nicht. Und ich kann es nicht. Ich bin dir zutiefst dankbar. Dasselbe hast du auch für Ananda getan; er kann nun erkennen, dass ihn immer noch der Zorn leitet. Vielen Dank! Wir sind dir sehr dankbar. Und wir wollen eine Einladung an dich aussprechen. Immer, wenn du das unbändige Verlangen verspürst,

jemanden anzuspucken, dann denk daran, dass du zu uns kommen kannst.«

Der Mann war zutiefst erschüttert … Er traute seinen Ohren nicht. Er konnte nicht glauben, was da geschah. Er war gekommen, um Buddha zum Zorn zu verleiten. Und er war gescheitert.

In jener Nacht konnte er nicht einschlafen. Er wälzte sich im Bett herum und fand keinen Schlaf. Die Gedanken an das Geschehene ließen ihn nicht los. Er hatte Buddha ins Gesicht gespuckt, doch der war ganz ruhig geblieben, so gelassen wie zuvor, so als wäre nichts geschehen …

Ganz früh am nächsten Morgen kehrte er zurück, warf sich Buddha zu Füßen und sagte:

»Bitte verzeih mir wegen gestern. Ich konnte die ganze Nacht nicht schlafen.«

Buddha antwortete:

»Ich kann dir nicht verzeihen, denn dafür müsste ich Zorn empfunden haben. Und das war niemals der Fall. Seit gestern ist ein ganzer Tag vergangen. Ich versichere dir, dass in mir nichts ist, was ich verzeihen müsste. Wenn du Vergebung brauchst, geh zu Ananda. Wirf dich ihm zu Füßen und bitte ihn um Verzeihung. Er wird sich darüber freuen.«

Wir sind nicht Buddha, aber ganz gewiss können wir von ihm lernen.

7. Entsagung

Dies ist die letzte Herausforderung, für viele die schwierigste, ein Hemmschuh, der sie auf ewig an die Suche fesselt, weit weg von der letzten Erkenntnis der Meister.

Die einen wollen ein größeres Haus, ein größeres Bankkonto, ein bisschen mehr Ruhm, mehr Macht. Andere wollen Präsident oder Premierminister werden. Der Suchende wird lernen müssen, dass er das alles haben kann – und noch vieles mehr, auf das er bislang noch gar nicht gekommen ist –, dass dies jedoch nichts an der Tatsache ändert, dass all diese Dinge, Orte oder Beziehungen falsch und ohne Wert sind.

Wertlos ist vielleicht eines der härtesten Wörter, die ich kenne. Es bedeutet, dass der Tod all diese Besitztümer und Errungenschaften davontragen wird. Eine Sufi-Weisheit sagt:

Das einzig Wertvolle, was du besitzt, ist das, was du bei einem Schiffbruch nicht verlieren kannst.

Nur was der Tod nicht nehmen kann, ist wahrhaftig, alles andere ist falsch.

Und selbst der Tod scheint für die Erleuchteten eine Fiktion zu sein.[27]

---

27 In den fernöstlichen Lehren ist der Tod nur ein äußeres Ereignis. Das Innere hingegen ist ewig.

Doch Vorsicht, Entsagung lässt sich nicht lernen, noch erlangt man sie, wenn man sich davor fürchtet, sich an die Dinge zu hängen.

Ich hörte einmal folgende Geschichte:

Zwei Reisende wollen gerade ein Boot besteigen, das sie über den Fluss bringen soll, als ihnen ein Mönch vom gegenüberliegenden Ufer zuruft:

»Steigt nicht in dieses Boot, denn wenn ihr es besteigt und es euch über den Fluss bringt, werdet ihr dankbar sein müssen und in seiner Schuld stehen, und ihr werdet die Last dieser Schuld für den Rest der Reise mit euch herumschleppen! Wenn ihr weiter frei reisen wollt, dann steigt nicht ein!«

Unterdessen kommt ein zweiter Mönch in einem Boot über den Fluss gerudert und hört die mahnenden Rufe. Er ist näher an den Reisenden, deshalb braucht er nicht zu schreien. Dennoch nimmt er sich die Zeit und rudert noch ein wenig näher heran.

Dann sagt er sanft zu ihnen:

»Benutzt das Boot und fügt dem Glück der Flussüberquerung das Wissen hinzu, dass ihr das Boot einfach zurücklassen könnt, wenn ihr das Ufer erreicht habt. Das ist Freiheit.«

Wer das Boot nicht benutzt aus lauter Angst, Verpflichtungen einzugehen, ist nicht mehr frei.

Der Weg der Weisheit ist nichts für Feiglinge und nichts für Kopfarbeiter. Er ist für jene Suchenden, die den Mut haben, das Leben auszukosten, ohne sich an etwas zu hängen, nicht einmal an Erkenntnisse.

Aber wie kann ein Wahrheitssucher auf Erkenntnis verzichten?

Er kann es, weil paradoxerweise nur diejenigen die Wahrheit finden, die aufgehört haben, auf sie zu warten.

Er kann es, denn die Wahrheit zu suchen, indem man darauf wartet, sie zu finden, heißt, vorab zu entscheiden, welches die Wahrheit ist, die wir finden wollen. Und das hat, wie wir gesehen haben, zur Folge, dass wir uns verlieren.

Er kann es, wenn er sich bewusst macht, dass Ergebnisse nur dem Ego dienen, und dieses sieht in der Wahrheit, was es hat, und nicht das, was es weiß.

Die Vorstellung, etwas zu besitzen, ist das Tor zu Abhängigkeit und Sklaverei. Dabei ist es ganz gleich, was du besitzt: Geld, Intelligenz, Macht oder Schönheit. Was auch immer es ist – wenn es dir zu wichtig ist, wird es von dir Besitz ergreifen, weil du Angst hast, es zu verlieren.

Hat der Suchende einen bestimmten Grad an Gewissheit erreicht, wird der Verstand ihm die letzte Falle stellen.

Er wird ihm sagen: »Sehr gut, Glückwunsch! Schau nur, wir sind am Ziel!«

Und wenn der Suchende in diesem Moment nicht aufpasst, kann er der Illusion des Wissens verfallen, der Versuchung der Trägheit, der Faszination des Narzissmus, dem Fehler, vorzeitig auf den Zug aufzuspringen, dem Unglück, für immer in der Menge der Dummen und Überheblichen unterzugehen.

FÜNFTES KAPITEL

Die Irrwege

Ein Dummer streitet ab,
dass er nichts weiß.
Der Überhebliche glaubt, das Wenige,
was er weiß, sei viel.

Es verging eine lange Zeit, bevor Shimriti sich bereit fühlte, erneut in den Zug zu steigen. Es war weniger eine Entscheidung als vielmehr ein natürliches, unvermeidliches Bedürfnis. Jede Straße und jede Handlung führten sie zum Bahnhof, zum Bahnsteig, zum Zug …

Wie alle anderen wollte sie keinen Fehler machen und nicht zu früh einsteigen, denn das würde sie nur zu unerwünschten Zielen bringen.

Und auch ihr Meister war nicht mehr da, um ihr Trost zu spenden oder ihr den besten Weg zu weisen. »Willkommen in der Stadt der Suchenden«, hatte er bei ihrer Ankunft in Data gesagt. »Zur nächsten Station kannst du nur durch eigene Anstrengung gelangen und durch deinen Wunsch, mehr zu erfahren.«

Und mit diesen Worten war er einfach verschwunden.

Während sie auf die Abfahrt nach Gnosis, den Ort der Erkenntnis, wartete, beobachtete Shimriti durchs Fenster, wie die beiden anderen Züge, die den Bahnhof verließen, jenen Orten entgegenfuhren, die sich durch die vielen Begierigen und Orientierungslosen ausge-

dehnt hatten, die zu früh in den Zug steigen, um sich nicht länger vor Augen führen zu müssen, was sie alles nicht wissen.

Der eine fuhr nach Nec, wo jene leben, die nicht wahrhaben wollen, was sie alles nicht wissen, die Stadt, in der die Dummen und auch ein paar Eitle zu Hause sind. (Manche nennen sie fälschlicherweise »Egoisten«, ein semantisches Problem, das darauf zurückzuführen ist, dass ein dichtbesiedelter Hügel in Nec Elego heißt, und weil ihre Art zu sprechen manchmal der von Egoisten im eigentlichen Wortsinn ähnelt. Aber die richtige Bezeichnung für die Bewohner von Nec wäre Egozentriker. Wahre Egoisten sind Suchende oder Wissende; in der Regel sind sie weder dumm noch eitel.)

Der zweite Zug fuhr nach Superlatus, in der jene letztlich stranden, die sich in der Richtung irren und glauben, die Weisheit gefunden zu haben und alles zu wissen, obwohl sie immer noch Unwissende sind, nun allerdings heimatlos.

Shimriti kam nicht umhin, Mitleid mit ihnen zu haben.

Bis hierhin haben wir unter »Selbstachtung« ein positives, erhöhtes Selbstbild verstanden, den stolzen Blick auf unser Selbst. Nun müssen wir lernen, einen anderen Weg zu gehen, der zu einer anderen, authentischeren Selbstachtung führt: dem wahren, unerschütterlichen Selbstvertrauen.

Diese Fähigkeit, unseren eigenen Möglichkeiten tatsächlich zu trauen, beruht, wenn dieses Vertrauen gesund ist, darauf, die Identifikation mit jedem Selbstbild aufzugeben, sei es positiv oder negativ. Es ist eine freiwillige Absage an unsere Identität, ein Sprung ins Leere, der verhindert, dass unsere starren Vorstellungen unser Handeln beeinträchtigen. Aber sie entwaffnet uns auch, macht uns scheinbar hilflos und verletzlich.

Zugegeben, bisher haben wir (völlig zu Recht) die genau entgegengesetzte Richtung eingeschlagen. Doch wenn man ein Wissender ist, hat das alles keine Bedeutung.

Ich sagte »wenn dieses Vertrauen gesund ist«, denn wenn es nicht auf dem Wissen um die eigenen Möglichkeiten beruht, sondern auf der Leugnung dessen, was wir nicht wissen, oder auf der Illusion von Weisheit, befinden wir uns nicht auf dem Weg der Erkenntnis, sondern vielmehr auf dem Weg der Dummheit oder der Überheblichkeit.

Wir versuchen uns einzureden, dass wir in einer freien und demokratischen Gesellschaft leben, weil in ihr jeder erfolgreich sein und seine Träume verwirklichen kann, wenn er es sich nur fest vornimmt.

Aber ist es das, wovon wir selbst träumen, oder ist es der Traum anderer?

Der gesellschaftliche Druck, die Erwartungen von außen, unser Bedürfnis, »jemand« zu sein, der Wunsch nach Respekt und Anerkennung, unsere Angst, die Dinge nicht so zu machen, wie wir sollten, die Furcht, nicht das zu sagen, was von uns erwartet wird, und vielleicht sogar die Angst, zu sehr so zu sein, wie die anderen uns haben wollen, erscheinen oberflächlich betrachtet wie eine Bedrohung unserer Identität und folglich unserer selbst.

Also passen wir unser Denken unserem Verhalten an, um weiterhin unseren Platz in der Gesellschaft zu halten. Wir sagen Dinge wie:

»Mag sein, dass ich die Arbeit nicht mag, die ich mache, aber dafür entschädigen mich das Prestige, die Sicherheit und das Geld, das sie mir einbringt.«

»Mag sein, dass ich nicht an meine Partnerschaft glaube, aber die emotionale Sicherheit, die Bequemlichkeit oder die gesellschaftliche Position, die mir diese Beziehung verschafft, sind Vorteile, die ich nicht missen mag.«

»Mag sein, dass ich Angst habe, meine Überzeugungen zu vertreten, weil das zur Folge haben könnte, dass ich mich von dem löse, was man mir beigebracht hat, dass ich jene in Frage stelle, die für mich einmal Autoritätspersonen waren, und auf die Vorteile und Belohnungen verzichten muss, die das soziale Gefängnis mir bietet, damit ich stillhalte.«

»Ich behalte meine Meinung bei Freunden, Familienangehörigen und Kollegen lieber für mich, weil ich mich vor Liebesentzug, Anfeindungen und Widerspruch fürchte …«

»Wenn ich in dieser Firma vorwärtskommen will, muss ich meinen Vorgesetzten ab und zu nach dem Mund reden, auch wenn das bedeutet, etwas zu sagen, das ich nicht denke, oder etwas zu tun, das ich nicht tun möchte und wozu ich auch nicht verpflichtet wäre …«

Nur wenige sehen in all dem ein Problem. Im Gegenteil glauben viele, dass sie mit einem solchen Verhalten ihre Besonnenheit und Umsicht unter Beweis stellen. Sie tragen dazu bei, dass ich gar nicht merke, welch hohen Preis ich dafür zahle, dass ich meine wahren Wünsche verdränge:

Ich trinke zu viel,
ich esse zu viel,
ich arbeite zu viel,
ich mache mir zu viele Sorgen,
ich achte nicht auf mich,
ich achte nicht auf die, die ich liebe,
ich renne dem schnellen Vergnügen hinterher,
ich bin nicht glücklich,
ich wäge die Gefahren nicht ab,

ich verliere das Gefühl dafür, was wichtig ist und was nicht,

ich bin von der Meinung anderer abhängig.

Werteskala. Die Reihenfolge

Wenn ein Erdbeben den Obelisken zerstören würde, der im Stadtzentrum von Buenos Aires steht, wären die Trümmer, die nun auf der Avenida 9 de Julio liegen, dieselben Steine, die zuvor in den Himmel ragten. Aber es wären nur Steine und kein Obelisk mehr.

Ein Obelisk ist nicht die Summe der Steine, aus denen er besteht, sondern es ist die Form, die ihn ausmacht, die Ordnung, die Reihenfolge, in der die Steine aufeinandergesetzt werden.

Die Gesamtheit der Elemente, aus denen ein Lebewesen besteht, kann im Labor eins zu eins nachgebildet werden. Dennoch bleiben diese Elemente im Labor nichts weiter als eine tote Masse.[28]

Was macht den Unterschied zwischen dem einen und dem anderen aus?

Offensichtlich muss es sich um eine besondere Konstellation der Materie handeln.

Aber …

---

28 Siehe hierzu die Theorie von Sheldrake, S. 28.

Was unterscheidet eine Person von der anderen?

Was macht aus dem einen einen Heiligen und aus dem anderen eine teuflische Persönlichkeit?

Was macht jemanden in unseren Augen attraktiv und andere abstoßend?

Die Antwort ist immer dieselbe: eine bestimmte Konstellation.

In diesem Fall das Verhältnis zwischen dem, was wir sehen und begreifen, und unserer Werteskala, auf der wir die Dinge einordnen.

Durch diese Werteskala setzen wir uns in Beziehung zu uns selbst und unserer Umwelt. Mit ihrer Hilfe schätzen wir anwesende und abwesende, bekannte und unbekannte Personen ein, die Realisierbarkeit unserer Wünsche und Antriebe, wir rechtfertigen unsere Handlungen oder Unterlassungen, unsere inneren oder äußeren Eigenschaften oder die gegebenen Umstände. Und anhand unserer Werteskala wägen wir auch die gesellschaftliche Situation ab, unsere Umwelt, unser eigenes Verhalten und das unserer Liebsten.

Das Kompendium all dieser Werturteile ist unsere Gefühlswelt: positive, anregende oder deprimierende Gemütszustände; das Gefühl von Überlegenheit und überheblicher Distanzierung oder von Seelenverwandtschaft und Zuneigung; von existentieller Verwurzelung, Verlassenheit oder Kontaktverlust … Alle Beurteilungen, mit deren Hilfe wir etwas als »gut« oder »schlecht« in all seinen Ausprägungen bewerten – wünschenswert oder nicht wünschenswert, akzeptabel oder inakzeptabel –, beruhen auf unseren ganz persönlichen Glaubenssystemen, die gleichzeitig Wertesysteme sind.

Diese Systeme haben etwas gemeinsam: Sie alle definieren, wie wir sein und was wir tun sollten; wie die anderen sein und was sie tun sollten und ganz allgemein, wie die Dinge sein sollten. Voraussetzung ist, dass wir uns festlegen und zu wissen glauben, wer wir sind und was die Welt ist. Hören wir die folgende Geschichte …

Eines Tages, als das Meer sehr stürmisch und aufgewühlt war, nahm der Kapitän seinen Mut zusammen und verkündete der Mannschaft:

»Es sieht ganz so aus, als ob wir nicht zu retten wären. Also betet euer letztes Gebet. Das Schiff geht unter.«

Ohne eine Sekunde zu zweifeln, begannen alle zu beten. Alle außer dem Sufi-Meister, dessen Stillschweigen die gemurmelten Gebete der anderen übertönte. Die Seeleute wurden unruhig. Sie konnten dieses Schweigen nicht länger ertragen und waren nicht bereit, es weiterhin zu dulden. Sie scharten sich um ihn und herrschten ihn wütend an:

»Du bist ein Mann Gottes. Wir haben dich schon länger beobachtet, und du hast nie gebetet. Aus Respekt, weil wir dich für einen heiligen Mann halten, haben wir nichts gesagt. Doch nun, in dieser Situation, ist es nicht länger hinnehmbar. Das Schiff geht unter. Du bist ein Mann Gottes, deine Gebete würden erhört werden. Weshalb also betest du nicht?«

Der Sufi-Meister antwortete:

»Nun, nehmt aus diesem Leben folgende Lehre mit, um im nächsten Leben Zeit zu sparen: Angst ist kein guter Grund, um zu beten. Wer aus Angst betet, hat nichts verstanden, und schon gar nicht Gott. Darum bete ich nicht.«

Eitelkeit und Hochmut

Viele schon haben, dies verkennend und sich selbst alles zuschreibend, mich aber verachtend, oder auch selbst von andern überredet, sich früher als recht von mir getrennt. Und nach dieser Trennung dann teils infolge schlechter Gesellschaft nur Fehlgeburten getan, teils auch das, wovon sie durch mich entbunden worden, durch Verwahrlosung wieder verloren, weil sie die missgestalteten und unechten Geburten höher achteten als die rechten.

Sokrates[29]

29 *Platon, Theätet*, ein fiktiver Dialog Sokrates' mit Theätet.

Wenn Eitelkeit der einzige Antrieb ist, dann passiert immer dasselbe: Derjenige erhält den Nobelpreis, erwirbt sich die höchsten Lorbeeren der Genialität, erreicht die höchste Stufe seines Schaffens, und dann … Dann gelingt ihm nie wieder etwas, das auch nur annähernd an das heranreicht, was ihm vor diesen Auszeichnungen gelang.

Warum ist das so häufig der Fall?

Eine Truppe junger Trapezkünstler studierte mit Feuereifer eine ganz besondere Nummer ein. Sie wurden von einem alten Zirkusartisten trainiert, der aufgrund seiner Erfahrung bestens für diese Aufgabe geeignet war.

Dieser Mann nun legte zwei völlig unterschiedliche Verhaltensweisen an den Tag. Einerseits war er sehr verständnisvoll, wenn seine Schüler Fehler machten. Er ermutigte sie, weiter zu trainieren und an ihren Fehlern zu arbeiten. Wenn etwas nicht klappte, bestärkte er sie darin, dass sie phantastisch seien und die besten Künstler am Trapez werden würden. Lief aber alles glatt, war er ein völlig anderer. Dann sagte er ihnen, dass man sich nicht auf den Zufall verlassen dürfe, dass sie völlig unbegabt seien und nichts taugten.

Der Varietédirektor sah das mit Sorge und machte ihm Vorhaltungen wegen dieses in seinen Augen widersprüchlichen Verhaltens.

»Du siehst das falsch«, sagte der Trapezlehrer. »Wenn

sie ihre Sache schlecht machen, sporne ich sie an, weil ich weiß, dass sie es besser können und dass sie es besser machen werden. Machen sie hingegen alles richtig, weiß ich, dass es beim nächsten Mal schlechter sein wird, weil es nicht mehr besser werden kann, und darum schimpfe ich. Sie sind nicht bei mir, um für das gelobt zu werden, was sie gut machen. Das können sie sich für die Vorstellung aufheben.«

Um auf die ursprüngliche Frage zurückzukommen: So etwas passiert, zum einen, weil nur der Weg nach unten bleibt, wenn man auf dem Gipfel angelangt ist. Und zum anderen, wenn man auf dem Gipfel steht, hat man kein Interesse mehr daran, es unter Beweis zu stellen. Wenn das Ziel erreicht, unser narzisstisches Bedürfnis befriedigt und die Eitelkeit des Egos zum Verstummen gebracht wurde, gibt es keinen Grund mehr, weiterzumachen, besteht keine Notwendigkeit mehr, es den Leuten recht machen zu wollen.

Anders gesagt: Ist ein Autor erst einmal berühmt, kommt er vielleicht zu dem Schluss, dass er aufhören kann zu schreiben.

Dumm sind jene, die auf ihrer Suche irgendwann Angst vor all dem bekommen, was sie nicht wissen, und beschließen, es lieber bleiben zu lassen.

Der Dumme lehnt ab, was er nicht weiß, und wird

deshalb stur und verbissen. Manchmal aus purer Dummheit …

Eine Frau geht in den Supermarkt, um Brokkoli zu kaufen. Sie geht zu dem Verkäufer an der Gemüsetheke und fragt:

»Haben Sie Brokkoli?«

Und der Verkäufer antwortet:

»Nein, heute nicht. Kommen Sie morgen wieder.«

Ein paar Stunden später kommt die Frau zurück und fragt denselben Verkäufer:

»Haben Sie Brokkoli?«

»Gnädige Frau, ich habe Ihnen doch gesagt, dass ich heute keinen Brokkoli habe.«

Die Frau geht, kommt aber kurz darauf mit derselben Frage zurück. Der Mann, mittlerweile verzweifelt, sagt zu ihr:

»Hören Sie zu, gnädige Frau, ich erkläre es Ihnen mit einem grammatikalischen Spiel.«

»Also gut …«, sagt die Frau argwöhnisch.

»Im Wort ›Tomate‹ steckt das Wort ›toma‹ (= nimm), stimmt's?«

»Stimmt«, sagt die Frau.

»Und im Wort ›Plátano‹ (= Kartoffel) steckt das Wort ›Plata‹ (= Silber), korrekt?«

»Korrekt«, antwortet die Frau.

»Jetzt wird's interessant: Steckt in dem Wort ›heute‹ ›Brokkoli‹?«

»Nein, natürlich nicht«, kommt es wie aus der Pistole geschossen.

»Sicher?«

»Sicher! Im Heute steckt kein Brokkoli«, bestätigt die Frau, ein wenig lauter.

»Gut, genau so ist es«, sagt der Verkäufer. »Und jetzt sagen Sie sich das immer wieder, bis Sie es verstanden haben!«

Versteife dich nicht auf eine Sache, das bringt die Leute nur unnötig auf die Palme. An etwas Unmöglichem festzuhalten ist ein ganz typisches Verhalten von Dummköpfen.

Versuch nicht besser zu sein als diejenigen, mit denen du zu tun hast.

Versuch kein Heiliger zu sein, noch verlange danach, wie etwas Besonderes behandelt zu werden.

Verärgere die Leute nicht. Sei nicht überheblich. Verlange keine Sonderbehandlung.

Belehre niemanden, der nicht belehrt werden will, und erwarte von jemandem, dem nicht der Sinn danach steht, keine Ratschläge.

Die Schwierigkeiten kommen von ganz allein, also fordere sie nicht heraus.

Wenn du besser sein willst als die anderen, schaffst du Konkurrenz.

Willst du etwas Besonderes sein, dann wird es andere geben, die damit nicht einverstanden sind. Es wird zu Diskussionen, unnötigem Streit und Feindseligkeiten kommen.

Es ist auch nicht nötig, immer offen und ehrlich zu sein und kein Blatt vor den Mund zu nehmen. Deine Wahrheit muss nicht verletzen, um aufrichtig zu sein. Zumindest sollte man so weit wie möglich versuchen, die Dinge nicht noch schlimmer zu machen.

Es gab eine Zeit, in der die Menschen mit Gautama Buddhas Lebensweise und Ideen nichts anfangen konnten. Immer wenn er durch ein Dorf kam, wurde er von einem großen Teil der Dorfbewohner, die nicht imstande waren, seine Lehre zu begreifen, beleidigt und geschmäht.

Buddha hörte schweigend zu und sagte dann: »Seid ihr fertig? Kann ich gehen? Ich muss weiter ins nächste Dorf, dort wird man schon auf mich warten. Wenn ihr noch nicht fertig seid, kann ich morgen wiederkommen, dann könnt ihr weitermachen.«

Wenn du tatsächlich etwas weißt, das die anderen nicht wissen, dann suche in dir nach Bescheidenheit, bevor du dein Wissen zeigst. Es ist auch keine Lösung, es für dich zu behalten. Du kannst ein Licht nicht hinter einem Busch verbergen; man wird es sehen. Und wenn jene sich um dich scharen, die auf der Suche sind, werden sie das Licht sehen, das du ihnen vorenthältst, und ebenfalls verärgert sein. Irgendwann hast du die ganze Gesellschaft gegen dich aufgebracht, und wenn du nicht aufpasst, ist dieser Moment schnell gekommen. Niemand kann dich vernichten oder deine Gedanken aus der Welt schaffen, aber sie können dem schaden, was du für andere tust.

Im Lauf der Geschichte haben jene den größten Schaden angerichtet, die behaupteten, die einzige Wahrheit zu kennen, und nicht diejenigen, die sich als unwissend betrachteten. Zur Katastrophe kam es immer dann, wenn jene an die Macht kamen, die sich für etwas Besseres hielten. Niemals konnte ein Lehrmeister einen Schüler dazu bringen, einen schweren Fehler zu begehen. Und falls doch, war er kein guter Lehrer und brachte ihm keine Liebe nahe, zumindest keine Nächstenliebe …

Das erinnert mich an die Parabel von der Lilie und dem Vogel, die Kierkegaard zugeschrieben wird.

Es war einmal eine Lilie, die an einem abgeschiedenen Ort an einem Bach wuchs. In ihrem herrlichen Gewand lebte sie unbekümmert und fröhlich in den Tag hinein. Die Zeit verging sorglos, ohne dass sie sich Gedanken darum machte. Eines schönen Tages bekam die Lilie Besuch von einem Vögelchen, das ihm Belanglosigkeiten zuzwitscherte und das eine oder andere Liedchen trällerte. Am anderen Tag kam der Vogel wieder, und auch am nächsten und übernächsten. Nach einer Woche blieb der Vogel plötzlich tagelang aus. Dann kam er wieder täglich vorbei. Das fand die Lilie merkwürdig und unverständlich, vor allem aber erschien es ihr launisch. Aber wie es so häufig geschieht, verliebte sich die Lilie gerade wegen dieser Unstetigkeit mehr und mehr in den Vogel, vielleicht auch, weil die Lilie niemanden kannte, erst recht kein so launenhaftes Wesen.

Dieser Vogel nun war kein guter Vogel, weder aus gutem Hause noch mit einem guten Herzen. Statt sich an der Schönheit der Lilie zu erfreuen und ihre unschuldige Reinheit zu bewundern, versuchte er die ganze Zeit sich aufzuplustern. Er brüstete sich, wie frei und ungebunden er sei, und gab so der Lilie das Gefühl, an die Erde gefesselt zu sein.

Zudem war der Vogel ein rechter Gernegroß und erzählte aufs Geratewohl allerlei Schnurren, ob sie nun wahr waren oder nicht. Er erzählte, dass es in anderen Ländern viele wunderschöne Lilien gebe, die mit ihrem betäubenden Geruch und ihren unglaubliche Farben eine unbeschreibliche Fröhlichkeit verströmten, während die Vögel ihr Lied dazu sängen.

Der Vogel beendete jede Geschichte mit folgendem Satz: »Verglichen mit ihnen bist du ein Nichts. Du bist so unbedeutend, dass ich gar nicht weiß, mit welchem Recht du dich eine Lilie nennst.«

Je länger sie dem Vogel zuhörte, desto trauriger wurde die Lilie. Sie konnte nicht mehr ruhig schlafen, noch froh erwachen. Sie dachte den ganzen Tag darüber nach, dass sie eine arme, unglückliche Gefangene war und dass es nicht rechtens war, so an die Erde gefesselt zu sein.

Das Plätschern des Wassers, das ihr steter Begleiter gewesen war, erschien ihr nun langweilig und fad, und die Tage dünkten sie endlos lang. Sie sagte bei sich:

»Es ist sehr eintönig, tagein, tagaus dasselbe zu hören … Unerträglich ist das. Und darüber hinaus so wenig darzustellen wie ich … Ein Nichts sei ich, meint der Vogel …«

»Ach! Warum ist es mir nicht vergönnt, in einem anderen Land, unter anderen Umständen zu leben? Warum bin ich nicht in jenen fernen Landen geboren?«

»Ich erwarte nichts Unmögliches – etwas anderes zu werden, als ich bin, ein Vogel etwa. Ich möchte nichts weiter als eine wunderschöne Lilie sein, allenfalls die Schönste von allen.«

Der Vogel aber kam und ging, und mit jedem Besuch und jedem neuerlichen Abschied wuchs die Unrast der Lilie.

Eines Tages schließlich vertraute sich die Lilie dem

Vogel an. Sie erzählte ihm von ihren Sehnsüchten und bat ihn, ihr dabei zu helfen, ihr Leben zu ändern.

Früh am nächsten Morgen kehrte der Vogel zurück. Er hackte mit seinem Schnabel die Erde auf, um die Wurzeln der Lilie freizulegen. Als er damit fertig war, warf sich der Vogel stolz in die Brust und zwinkerte der Lilie zu. Dann packte er sie und erhob sich mit ihr in die Lüfte.

Der Vogel hatte der Lilie versprochen, sie dorthin zu bringen, wo die anderen herrlichen Lilien blühten. Dort würde er ihr helfen, Wurzeln zu schlagen, und dank des Ortswechsels und der neuen Umgebung wäre der Vogel der erste Zeuge ihrer Veränderung.

Doch die arme Lilie verwelkte auf dem Fluge …

Hätte sich die bekümmerte Lilie damit beschieden, dort Lilie zu sein, wo sie herkam, hätte sie nicht bekümmert sein müssen. Und so wäre sie an ihrem Ort die beste und schönste Lilie gewesen, die sie sein konnte.

Der Dumme handelt wie die Lilie in der Geschichte: Er erliegt den Verlockungen des überheblichen, übelwollenden Lehrmeisters und flüchtet sich in den Vergleich. Er vergleicht sich und richtet den Blick nach außen, um herauszufinden, wer er ist, wie er sein sollte und bemisst seinen Wert danach.

Der Weise hingegen ist, wie wir gesehen haben, wie ein Kind. Er misst sich mit nichts und niemandem, sondern beschränkt sich darauf, der zu sein, der er ist. Er besitzt keine genaue Vorstellung, weder von sich noch von den anderen, und braucht sie auch nicht. Er ist zufrieden mit dem, was er ist und hat.

Es gibt Menschen, die besitzen wenig und fühlen sich trotzdem reich. Dann aber, nach einiger Zeit, halten sie sich plötzlich für arm, obwohl sie nicht weniger haben. Wenn du sie fragst, antworten sie dir: »Früher war ich vollständig durch das, was und wie ich war, und zufrieden mit dem, was ich hatte. Jetzt gibt mir alles zu verstehen, dass ich verglichen mit den anderen ein Nichts bin, ein Niemand. Und das Schlimmste ist, dass ich das selbst glaube.« Diese Menschen sollten sich nicht fragen, was ihnen fehlt, sondern wie es kam, dass sie ihr wahres Ich verloren haben.

E. Borello

Nachdem du den Weg des Suchenden gegangen bist, wirst du mit Sicherheit eine ganze Weile mit deiner Eitelkeit zu kämpfen haben.

Ohne es zu wollen, wirst du anfangen, dich als etwas Besseres zu fühlen.

Du wirst anfangen, dich als begnadet zu sehen.

Du wirst anfangen, dich nicht länger wie ein gewöhnlicher Sterblicher zu fühlen, und dich aufführren, als wärst du etwas ganz Besonderes, nicht von dieser Welt …

Aber selbst wenn das stimmen sollte – gerade dann! –, bilde dir nichts darauf ein …

Eines Tages spazierte mein Freund Eduardo durch die Calle Santa Fe mitten im Stadtzentrum, als er sah, wie eine Frau versuchte, ein Pferd in ein wirklich vornehmes Gebäude zu zerren. Verdutzt blieb er stehen, um die absurde Situation zu beobachten. Als sie den Zuschauer bemerkte, sagte die Frau zu ihm:

»Hören Sie, könnten Sie mir wohl behilflich sein?«

Mein Freund Eduardo ist ein wahrer Gentleman, also ging er zu ihr und half, das Tier in die mit glänzendem Marmor verkleidete Eingangshalle zu führen.

»Wenn Sie schon mal da sind«, sagte die Frau, »könnten Sie mir eigentlich noch helfen, es in den Aufzug zu schaffen.«

Eduardo zuckte mit den Schultern und zog an den Zügeln des Pferdes, während die Frau von hinten schob, bis das Tier vollständig in der Kabine des Aufzugs stand.

Da er direkt vor der Tastatur eingeklemmt war, blieb Eduardo nichts anderes übrig, als der Bitte der Frau Folge zu leisten, die auf der anderen Seite stand:

»Drücken Sie den zwölften Stock, bitte.«

Als der Aufzug anhielt, schafften sie das Pferd zu zweit in die elegante Wohnung der Frau. Meinem

Freund Eduardo begann die Situation unangenehm zu werden. Parkettböden, seidenbespannte Wände, Brokatsessel, und dann dieses Tier …

»Sie müssen mich für verrückt halten …«, sagte die Frau.

Mein Freund Eduardo ist ein Gentleman, keine Frage, aber er lügt auch nicht gern.

»Ähm … nun ja«, antwortete er.

»Machen wir Folgendes«, schlug die Frau vor. »Wenn Sie mir helfen, das Pferd ins Schlafzimmer zu bringen, erkläre ich Ihnen alles.«

Eduardo hatte ein flaues Gefühl im Magen, aber da er ein Gentleman und außerdem ziemlich neugierig ist, sagte er ja. Zu zweit schafften sie das Pferd ins Schlafzimmer. Genauer gesagt ins angrenzende Badezimmer. Noch genauer in die Badewanne …

Dort band die Frau die Zügel entschlossen an der Duscharmatur fest und lud Eduardo auf einen wohlverdienten Kaffee ein.

»Ich erkläre es Ihnen«, sagte sie dann. »Ich bin mit einem Dummkopf verheiratet, und ehrlich gesagt bin ich es ziemlich leid, wie er sich aufführt. Wenn ich sage: ›Hugo, es ist sechs Uhr‹, antwortet er: ›Ich weiß, dass es sechs Uhr ist.‹ Darauf erkläre ich ihm: ›Wir wollten doch zu den Rodríguez.‹ Und dann sagt er: ›Ich weiß, dass wir zu den Rodríguez wollten.‹ ›Schön und gut, aber heute ist Freitag und viel Verkehr‹, versuche ich, ihm zu erklären, und er sagt belustigt: ›Ich

wei-heiß, dass freitags viiiel Verkehr ist.‹ Ich hab's so satt …«

»Ich verstehe nicht«, sagte Eduardo, der wirklich ein Gentleman ist.

»Heute ist Dienstag«, erklärte die Frau. »Mein Mann wird spät vom Tennis kommen, wie immer. Und er wird in Eile sein, um nicht zu spät zu der Theatervorstellung zu kommen, zu der er unbedingt wollte. Er wird zur Tür hereinstürzen und noch im Esszimmer das Hemd abstreifen und die Hose auf dem Flur zum Schlafzimmer … Er wird die Kleider auf den Boden werfen und ins Bad gehen, um schnell zu duschen, bevor er wieder los muss. Sekunden später wird er nackt wieder rauskommen, nur in ein Badelaken gewickelt, und schreien: ›Liebling, da steht ein Pferd in der Wanne!‹ Und dann ist mein großer Moment gekommen. Ich werde ihn ansehen und sagen: ›Ja-ha, ich wei-heiß, dass ein Pferd in der Wanne steht …‹

Eduardo stand wortlos auf und ging. Schließlich ist Eduardo ein Gentleman.

Man muss gut aufpassen. Der Unbedarfte kann unbekümmert sein. Er kann es sich leisten, weil er nichts zu verlieren hat. Der Weg zur Weisheit ist jedoch ein schmaler Grat, und direkt am Wegesrand klafft ein tiefer Abgrund. Ein falscher Schritt, und du stürzt in die Tiefe. Wenn du stolperst, während du durch dein Stadtviertel spazierst, ist das nicht besonders gefährlich; ein Sturz vom Mount Everest hingegen ist lebensgefährlich. Wahrscheinlich überlebst du ihn nicht. Und einer der Berge, von denen du abstürzen kannst, ist die Suche nach Ergebnissen.

Eitelkeit ist immer ergebnisorientiert. Wie der Verstand, ist auch sie nie an der Aktion selbst interessiert.

Beiden geht es darum:

Etwas zu gewinnen.
Einen Nutzen zu haben.
Weichen für die Zukunft zu stellen.
Nachteile zu verhindern.

Wenn man einen Vorteil erlangen könnte, ohne zuvor durch die Aktion zu gehen, würden sie sich für die Abkürzung entscheiden.

Die Eitlen halten sich für sehr schlau, weil sie in der Lage sind, Abkürzungen zu finden.

Diese Abkürzungen haben sie dorthin gebracht, wo sie sind, selbst wenn es kein angenehmer Ort sein sollte.

Wenn du auf legale Weise Geld verdienen willst, kann es sein, dass du ein ganzes Leben dafür brauchst. Aber du kannst auch durch Schmuggel, Glücksspiel oder auf allerlei anderen Wegen zu Geld kommen:

indem du ein politischer Führer wirst, Premierminister, Präsident oder Anführer einer heilbringenden Sekte.

Alle Abkürzungen stehen offen.

Wer liest und lernt und sich weiterbildet, wird schlau. Nicht weise, einfach nur schlau.

So schlau, dass er alles haben und gleichzeitig möglichst wenig dafür tun will.

Bei den Dummen und Eitlen wird alles in Begriffen der Gewitztheit beurteilt und an den Ergebnissen gemessen.

»Du hast, was du bist.«

Um mehr zu gelten, muss man mehr besitzen.

»Mit der Zeit werde ich stark sein und mich nicht länger schwach fühlen. Ich werde die Intelligenz und das Wissen erwerben, die ich nicht hatte, als ich mir unterlegen vorkam. Erst dann werde ich zufrieden mit mir sein, erst dann werde ich das Gefühl haben, dass es mir besser geht.«

Aber die Realität sieht anders aus. Auf diesem Weg werde ich nur erreichen, dass ich denen immer ähnlicher werde, mit denen ich mich identifiziere.

Die Zerreißprobe zwischen dem, was ich zu sein glaube, und dem, von dem ich glaube, wie ich sein sollte, wird mein Leben bestimmen. Für das bloße Bild, die reine Vorstellung von etwas werde ich leiden, niedergeschlagen sein, mich freuen oder motivieren, Speck für die Maus, Sirenengesänge, um etwas zu erreichen, das nichts mit dem zu tun hat, was ich wirklich brauche.

Wenn jemand den Samen eines Baumes pflanzt, hat er keinen Zweifel daran, dass aus dem Samenkorn, sofern es ein Minimum an adäquaten Bedingungen vorfindet, irgendwann ein Baum werden wird. Diese Zuversicht basiert auf dem Wissen um die Logik des Lebens, die der Samen bereits in sich trägt. In gewisser Weise ist der Baum bereits in ihm enthalten. Der Samen besitzt alles Wissen, das er für seine Entwicklung braucht.

Stellen wir uns nun ein menschlicheres Samenkorn vor …

Ein schönes Bäumchen wächst vor sich hin. Eines Tages ist es ganz fasziniert von einem kleinen Zweig, der aus dem Stamm hervorsprießt. Er gefällt ihm so sehr, dass er sich mit diesem Bild seiner selbst identifiziert und an ihm seine Identität bemisst. Von diesem Moment an genügt es dem Baum, diesem Dummkopf, nicht mehr, einfach *zu sein*. Er setzt vielmehr alles daran, auf eine bestimmte Art zu sein, eine bessere Art, ganz so wie der Ast, der ihn so sehr fasziniert.

Dieser schöne Ast wird nun paradoxerweise zu etwas, das sein natürliches Wachstum behindert. Er ist der Grund dafür, dass der Baum schließlich deformiert und verkrüppelt bleibt.

Und das alles, weil er irrte, als er in seiner Eitelkeit dachte, dieser hübsche Ast, das sei er, wo er doch in Wirklichkeit viel mehr war …

SECHSTES KAPITEL

Der Meister

Der Wissende
oder
Meister weiß, dass er weiß.

Und so saß Shimriti schließlich nach so viel Hingabe und Disziplin in dem Zug, der sie von Data, der Stadt, in der sie aufgewachsen war, nach Gnosis, der großen Stadt der Erkenntnis, bringen sollte.

Es hatte andere Lehrer gegeben, die sie genauso wichtige oder noch wichtigere Dinge gelehrt hatten, doch keinem von ihnen war sie so sehr zu Dank verbunden wie ihrem ersten Lehrer, der sie aus Ignorantia herausgeholt hatte, einzig aus Liebe.

Eines Tages, sagte sie, werde ich das Gleiche für einen anderen tun.

Der Zug fuhr los. Schon bald ließ er jene Züge hinter sich, die nach Nec und nach Superlatus fuhren. Als die beiden falschen Gleise am Horizont verschwanden, wurde die Landschaft flach und schön, und in der Ferne zeichnete sich die Silhouette der Stadt ab, deren Schattenriss vor dem Horizont immer größer zu werden schien. Knapp eine Stunde später sah die Reisende durchs Fenster, dass der Zug genau vor dem Bahnhofsschild zum Stillstand kam, auf dem zu lesen war:

Gnosis, die Stadt der Wissenden.

Noch bevor sie die letzte Stufe hinuntergestiegen war, bemerkte Shimriti, dass alle Bewohner dieses Ortes ganz genau wussten, was sie taten. Doch nicht nur das – sie wussten auch, was sie sagten, glaubten und waren.

Die Wissenden wussten alles. Sie wussten sogar, dass sie wussten.

Und auch sie selbst erkannte es.

Nachdem sie sich ein wenig umgeschaut hatte, hatte Shimriti keinen Zweifel mehr, was sie wollte. Sie beschloss, direkt zum Berg der Meister zu gehen, wo die Wissenden in der Kunst geschult wurden, ihr Wissen an andere weiterzugeben.

Sie wusste, dass sie dort hinmusste, wenn sie anderen das zurückgeben wollte, was sie selbst bekommen hatte.

Durch den Zweifel und den Hunger nach Erkenntnis lässt der Suchende sich auf andere Sichtweisen ein. Ihm wird bewusst, dass er sich in einer Schattenwelt befindet, die weder ganz dunkel noch leuchtend hell ist. Er beginnt Nuancen wahrzunehmen, sich kritisch in die Entdeckung des eigenen Selbst zu vertiefen.[30]

30 »Das Zeitalter der Kritik«, würde Immanuel Kant sagen.

Dieser soeben in Gnosis angekommene Suchende ist bereits ein zentriertes Wesen, das die Mechanismen der Macht kennt. Er ist nach wie vor ein Egoist und sieht vor allem sich selbst, aber er arbeitet tagtäglich intensiv daran, ein Gleichgewicht herzustellen zwischen dem, was seine Umwelt von ihm erwartet, und dem, was er selbst will. Darauf basiert seine neue Seinsweise: Selbstabhängigkeit.

Es geht ihm nun nicht länger um die Anhäufung von Wissen. Quantität ist für ihn kein Wert mehr, wohl aber Qualität. Das Erlernte ermöglicht es ihm, seine eigene Karte zu zeichnen und sich der Herausforderung zu stellen, sie zu durchwandern. Dort angelangt zu sein bedeutet außerdem, dass er erwachsen genug ist, für seine eigene Nahrung zu sorgen; lange genug hat er das gegessen, womit man ihn fütterte – damals, als er ein Kind war und in Ignorantia lebte.

Früher hatte er keine Alternativen, nun möchte er neue Wege ausprobieren.

Früher war er ein Sklave, nun ist er frei.

Früher wollte er Ergebnisse sehen, nun hat er seine Liebe zur Wahrheit entdeckt.

Und das ist ein Problem.

Die Welt lebt von Lügen.

Lügen sind für viele sehr bequem und verführerisch. Du kannst dir jederzeit deine eigenen Lügen nach deinen jeweiligen Bedürfnissen schaffen. Sie kosten nicht viel, es gibt sie überall, und wenn du dir Mühe gibst, können sie in den Ohren der anderen und auch in deinen eigenen sehr hübsch klingen. Das »Beste« an den Lügen ist, dass sie sich dir anpassen, niemals fordern sie eine Anpassung von dir. Sie sind bequem, verlangen dir nichts ab. Sie beanspruchen dich nicht, verpflichten dich zu nichts. Sie sind dir zu Diensten.

Die Wahrheit hingegen ist dir nicht zu Diensten. Du musst dich in ihren Dienst stellen.

Authentizität kann nur allumfassend sein; sie lässt keine Konzessionen zu. Täte sie es, wäre sie nicht authentisch.

Wenn du dich in den Dienst der Wahrheit stellst und sie von dort aus betrachtest, wo du stehst, anstatt zu glauben, dass du sie für dich gepachtet hast und sie dir folgt, dann wirst du ein Wissender sein, ein Meister, ein Erleuchteter. Du bist am Ziel angekommen.

Weisheit, so sagt Heraklit, heißt, die Wahrheit sagen zu können.

Die Welt ist …

Machen wir zusammen eine kleine Übung.

Vervollständige den folgenden Satz, ohne lange nachzudenken:

»Die Welt ist …« (hier folgt das, was in deinen Augen die Welt ausmacht).

Wenn ich dir sagen sollte, was mir jetzt spontan in den Sinn kommt, wäre das:

»Die Welt ist … eine gewaltige Kugel, die durchs Universum treibt.«

Nun bist du dran, bevor du weiterliest. Wenn du die Möglichkeit hast, notiere deine Sätze auf einem Stück Papier.

Belasse es nicht bei einem. Mach weiter …

»Die Welt ist …«

»Die Welt ist …«

Hier kommt mein zweiter Satz:

»Die Welt ist … ein befremdlicher Ort, der dir zuerst seine schlechten Seiten zeigt und den du erst erforschen musst, um ihm etwas Gutes abzugewinnen.«

Und jetzt wieder du, um dem Spiel mehr Pep zu geben. Und wenn du nichts zum Schreiben hast, merk dir einfach, was du gedacht hast, jeden Satz, Wort für Wort.

Fertig?

Dann begleite mich nun bei der schwierigen Aufgabe der bewussten Wahrnehmung.

Wir ersetzen nun unseren Satz »Die Welt ist …« durch den Satz »Ich bin …«. Der Rest bleibt, wie wir es aufgeschrieben haben.

Meine Sätze hießen dann folgendermaßen:

»Ich bin … eine gewaltige Kugel, die durchs Universum treibt.« (Ich glaube, ich sollte endlich eine Diät machen …)

»Ich bin … eine befremdliche Person, die dir zuerst ihre schlechten Seiten zeigt und die du erforschen musst, wenn du ihr etwas Gutes abgewinnen willst.« (Und … ja.)

Versuche, diese Übung zu nutzen, um mehr Klarheit über dich zu bekommen, um etwas zu bestätigen, was du bereits wusstest. Aber auch, um zu folgender Erkenntnis zu gelangen:

Ich sehe die Welt so, wie ich bin, oder doch wenigstens in Übereinstimmung mit dem, was ich in mir sehe.

Was das angeht, sind die Menschen uneins. Die einen sagen: »Die Welt ist schlecht«, die anderen: »Die Welt ist gut«. Aber die Welt ist weder das eine noch das andere.

Die Welt besteht aus Rosen und Dornen, aus Tag und Nacht. Die Welt ist völlig neutral, sie ist ausgewogen und enthält von allem etwas.

Die einen schlagen vor, *die Welt zu verändern* (das ist die wissenschaftliche Herangehensweise), die anderen wollen *ihre eigene Sichtweise ändern* (die aus dem eigenen Empfinden der inneren Welt erwächst). Es sind zwei diametral entgegengesetzte Sichtweisen: die Wissenschaft, die in der äußeren Welt sucht, und die Seele oder Emotion, die sich nach innen richtet.

Fühlen (reine Emotion) und Denken (reiner Verstand) werden sich früher oder später treffen, denn ihre Suche ist dieselbe. Sie werden rasch eins werden, wenn sie die spirituelle Welt entdecken.

Wissenschaft ohne Weisheit kann die Welt zerstören. Weisheit ohne die Hilfe der Wissenschaft wird niemals genügen.

In vielerlei Hinsicht hängt die Welt von dir ab und davon, wie du dich entscheidest. Wenn du beschlossen hast, nur das Schlechte zu sehen, wirst du in einer furchtbaren, grausamen Welt leben. Siehst du hingegen nur das Gute um dich herum, hast du die Chance, eine Welt zu entdecken, in der zu leben sich lohnt.

Probier es aus, versuche, das Leben optimistisch zu sehen, sei kein Pessimist.

Der Pessimist schafft eine Hölle, in der er dann leben muss.

In Verbindung mit deinen spirituellen Anteilen kannst du zu der Erkenntnis gelangen, dass sich, wenn du deine innere Haltung änderst, auch die äußere Welt verändern wird. Die Welt der anderen mag vielleicht dieselbe bleiben, doch dein Blick ist ein anderer. Du bist nicht mehr derselbe. Und es ist nicht nur die Tatsache, dass du sie anders siehst; vielmehr setzt deine eigene Veränderung tatsächlich eine Veränderung in der Welt in Gang.

Der Sufi-Mystiker Bayazid Bistami pflegte in seinen letzten Jahren zu erzählen:

»Am Anfang fragte ich die Leute: ›Wo ist Gott?‹ Doch eines Tages geschah das Wunder, und ich begann zu fragen: ›Wo ist Gott nicht?‹«

Beginne mit dem Negativen und du wirst das Positive finden.

Hast du schon einmal nach Wasser gegraben?

Selbst wenn du an der richtigen Stelle gräbst, stößt du zunächst nur auf Erde, Geröll und Schutt. Nach langer Arbeit kommt dann der Schlamm, der alles verschmiert und die Arbeit noch schwerer macht. Ein wenig tiefer stößt du dann auf das Wasser, auch wenn es am Anfang sehr schmutzig und trüb ist. Wenn du nun weitergräbst, wirst du auf sauberes Wasser treffen, das immer klarer und reiner hervorquellen wird.

Genauso ergeht es uns, wenn wir unser eigenes Selbst erforschen.

Der Anfang ist hart und frustrierend, und was du findest, ist immer unangenehm und stinkend. Aber hab Vertrauen und mach weiter, denn am Ende kommt immer das Beste von dir zum Vorschein, das reinste, ursprünglichste und klarste Du, das es gibt.

Mühsam ist stets das Negative; das Positive ist die Entschädigung dafür.

Der **Suchende** ist stolz auf den zurückgelegten Weg, obwohl er weiß, dass noch ein weiter Weg vor ihm liegt.

Der **Wissende** hingegen weiß, dass sein Weg weit ist und immer länger wird, je weiter er kommt. Er ist sich seiner Endlichkeit bewusst und weiß, dass es vieles gibt, was er nicht tun, und vieles, was er nicht kennenlernen wird.

Als Suchender lernte er, dass die Befriedigung von Bedürfnissen von einem subjektiven Empfinden von Freude, Glück oder Ruhe begleitet wird (zu essen, wenn man hungrig ist, beispielsweise). Doch nun entdeckt er, dass nicht jeder Schmerz und nicht jede Freude ihren Ursprung in genau fassbaren oder benennbaren Dingen haben.

Ich selbst bin des Öfteren Menschen begegnet, die alles zu haben schienen: einen guten Job, Bildung, mehr als genug Geld, einen wundervollen Partner und eine beneidenswerte Gesundheit, und die dennoch ein tiefes Gefühl von Leere und Bedeutungslosigkeit empfanden und sich im Stillen die unangenehme Frage stellten: »Ist das alles?«

Diese Leere ist ein »essentieller« Schmerz, der sich durch nichts, was man hat oder besitzt, stillen lässt.

Wir werden nie vorankommen, wenn wir glauben, dass diese Leere mit dem Bedürfnis nach Dingen, Erfahrungen oder Erfolgen zu tun habe. Keine Sache, keine Person, keine Situation, keine Aktivität und keine Errungenschaft können sie ausfüllen, denn es handelt sich um eine Leere in uns selbst.

Wie bereits früher von mir gesagt und geschrieben, geht diese Leere oft damit einher, dass die entsprechende Person keinen Sinn im Leben sieht.

Es ist häufig zu beobachten, dass viele, die ein lange verfolgtes Ziel erreichen, am Ende feststellen, dass dieser Erfolg das Vorspiel zu einem Albtraum ist, weil sie sich, um diese Anerkennung zu bekommen, hinter einer Fassade verschanzt haben. Die nach außen orientierte Identität hat ihr Ziel erreicht, das innere Ich jedoch ist in Vergessenheit geraten.

Es ist nicht zu leugnen, dass sich der Mensch nur durch das Denken begreifen kann. Und der denkende Mensch wird zwangsläufig vom Zweifel gequält, der im Wesentlichen dual ist, also mit dieser Spaltung zu tun hat (die Vorsilbe *du* bedeutet *Teilung* oder *zwei*). Während der Wissende über sein Leben nachdenkt, wird ihm gleichzeitig bewusst, dass er zunehmend freier wird und in keinerlei ideologischer Abhängigkeit steht. Denn das Individuum ist auch sein eigener Schöpfer und, wie bereits gesagt, einzig und allein verantwortlich für sein Leben (*Individuum* heißt so viel wie *unteilbar*). Und so führt diese Dualität paradoxerweise in zunehmender Weise zur Individualität.

Identität: Schein oder Wirklichkeit?

Jede Beschreibung wird von den Instrumenten der Beobachtung sowie von der jeweiligen Sprache bestimmt, die ihrerseits ein deskriptives Schema voraussetzt. Bekanntlich haben die Inuit mindestens fünfzehn verschiedene Wörter für das, was wir mit »Schnee« übersetzen würden. Wir müssen dessen unterschiedliche Aggregatzustände nicht näher definieren, für sie ist es überlebenswichtig.

Für die Kinder, die in einer magischen Welt mit idealisierten Eltern und allmächtigen, großherzigen Königen leben, ist die Welt ein sicherer, geschützter und freigiebiger Ort. Eine Welt, geschaffen zu unserem Vergnügen und unserer Befriedigung – alles, was man im Gegenzug von uns erwartet, ist, dass wir gehorsame, wohlerzogene Kinder sind.

Doch unsere Deutung, unsere Vorstellung von der Welt reichen nicht aus, um sie besser zu verstehen. Jede Deutung ist eine Karte, und eine Karte kann natürlich sehr nützlich sein, jedoch nur in dem Maße, in dem wir wissen, dass es lediglich eine Karte ist, ein Instrument, anhand dessen wir uns orientieren können. Eine Fotografie meiner Tante **ist** nicht meine Tante, genauso wenig, wie das Wort »Feuer« brennt.

Die – irgendwie wissenschaftliche – Angewohnheit, unsere persönliche Sichtweise der Dinge als absolut anzusehen, greift ebenso zu kurz wie die Bemerkung eines Schachspielers, der Damespieler bewege seine Figuren völlig falsch, das ergebe doch keinen Sinn.

Es gibt einen Witz, der erzählt, wie ein Wissenschaftler eine aus Stein gemauerte Tafel entdeckt, auf der steht:

Ägyptische Ruinen

Nachdem der Forscher die Tafel mit seinem Archäologenhammer sorgfältig in Stücke geschlagen hat, legt er nach seiner Rückkehr in die Zivilisation der Wissenschaftsgemeinde dar, dass die Tafel nicht echt gewesen sein könne, denn an ihr sei nichts Ägyptisches gewesen …

Das Wort »Schein« oder »Anschein« hat zwei unterschiedliche Bedeutungen. Die eine ist neutral: »Anschein« als das, was sich unmittelbar wahrnehmen lässt. Bei der anderen schwingt eine gewisse negative Konnotation mit: »Schein« als das Illusorische, etwas, das zur Täuschung verleitet.

Doch diese beiden Bedeutungen schließen einander nicht aus. Laut der Philosophia perennis kann die Wirklichkeit der Erscheinungen, wenn sie nicht als Phänomene wahrgenommen werden, zu einer Quelle der Täuschung werden. Dadurch, dass sie unseren Verstand und unsere Sinne ganz und gar für sich in Anspruch nimmt, damit wir vergessen, dass Schein nur das ist: Schein.

Die Weisheit erwartet keinesfalls, dass man die Welt, wie wir sie wahrnehmen, geringschätzen müsse, um die Wahrheit zu finden (die sich angeblich »hinter dieser verbirgt«). Ich behaupte hingegen, dass der äußere Schein ein Teil von dem ist, worin sich diese Wahrheit manifestiert. Das, was wir »die Welt« nennen, ist mitnichten eine unveränderliche Realität, auf die wir keinerlei Einfluss haben. Sie ist vielmehr das, was wir aufgrund des winzigen Prozentsatzes an

Information, die wir durch unsere sehr begrenzten Sinne aufnehmen, konstruieren und interpretieren. Deshalb sind wir von Anfang an auf ein gewisses Maß an Vorstellungskraft, Interpretationsgabe und Phantasie angewiesen.

Wenn wir »Tisch«, »Stuhl« oder »Ich« sagen oder denken, glauben wir, die Beschaffenheit dessen zu kennen, was wir damit benennen, und haben deshalb das Gefühl, eine gewisse Kontrolle zu besitzen. Aber ist das wirklich so?

Die Weisheit gibt uns eine eindeutige Antwort auf diese Frage:

NEIN.

Für den Taoismus ist alles, was wir die Welt nennen, nichts weiter als eine Reihe von Wellen im unermesslichen Ozean (dem Tao) des wirklichen Ganzen.

Unser beschränkter Geist und unsere Sinne, so Laotse, sind nur imstande, diese flüchtigen, unbeständigen Wellen wahrzunehmen, doch erst hinter diesem Auf und Ab erscheint das unergründliche, grenzenlose, unerschöpfliche Leben, das jene Wellen erst möglich macht.

Wenn du etwas betrachtest, siehst du das Wesen der Dinge, während du glaubst, nur eine Wolke oder einen Baum zu sehen.

Nisargadatta

Durch unsere Sprache, die es uns ermöglicht, Dinge, Personen und Situationen zu benennen, und durch unsere konzeptuelle Fähigkeit zu denken, das heißt, zu erklären, zu argumentieren, zu rechtfertigen und vorauszuschauen, haben wir tatsächlich eine funktionale Kontrolle über die äußere und innere Welt. Wir sind imstande, sie zu beschreiben, sie einzuordnen und zu organisieren. Aber ich versichere dir, dass uns dies nicht die wahre Natur der Welt und der Dinge, die in ihr sind, enthüllt; es offenbart uns die Dinge nicht in ihrem innersten Wesen.

Wir verwechseln die tatsächlichen Grenzen der Realität mit der Art und Weise, wie wir die Dinge sehen oder uns vorstellen, und vergessen dabei unsere sehr beschränkten Wahrnehmungsmöglichkeiten.

Wenn wir jemanden kennenlernen, nehmen wir nicht unmittelbar die Person selbst wahr, sondern bestimmte Gesichtszüge, eine bestimmte Hautfarbe, einzelne Gesten, die Stimmfarbe, eine besondere Verhaltensweise … Man könnte also sagen, dass wir sein Erscheinungsbild kennen. Und obwohl wir wissen, dass Menschen mehr sind als das, was wir sehen, behaupten wir, diese oder jene Person sei so oder so (was die Wahrheit ist, aber eben nicht die ganze Wahrheit). Wenn ich ihre Stimme höre, höre ich diese Person; wenn ich ihre Haut berühre, berühre ich diese Person. Dabei darf man jedoch nicht vergessen, dass sie viel mehr ist als das.

Zweifellos konstruieren wir auch ein Bild von uns selbst, interpretieren uns gemäß unserer Selbstwahrnehmung. Wir zeichnen uns mehr oder weniger nach Belieben, von kleinen Korrekturen durch den fremden Blick einmal abgesehen.

Aber wer bin ich?

Bei unserem Blick auf uns selbst haben wir eine genau umrissene Identität vor Augen und versuchen, uns diesem Selbstbild gemäß zu präsentieren, das oft meilenweit von der Wahrnehmung der anderen entfernt ist …

Identität ist der Akt der Identifizierung, durch den wir uns selbst entdecken. Wir denken:

»Das da bin ich, das da bin ich nicht.«

»Das gehört zu mir, dieses andere nicht.«

»Ich habe gewisse Qualitäten, aber auch einige Fehler …«

»Mir fehlt vieles, aber das wird durch andere Vorzüge ausgeglichen.«

»Ich habe meine Kinder, meinen Status, meine Arbeit.«

»Ich habe mein Wissen, meine Karriere, meinen Einfluss …«

Die Summe dieser und ähnlicher Aussagen stützt die Vorstellung, die ich von mir selbst habe, und lässt mich glauben, dass ich mich selbst kenne. Ich komme zu dem Schluss, dass ich Kontrolle über mich und folglich auch über mein Fühlen und Handeln habe.

Ausgehend von diesem Trugschluss beruhige ich mich mit der Annahme, dass ich mich in die Welt einfügen kann.

Zhuangzi erzählt uns eine sonderbare Geschichte:

Wenn die schöne Tsi Shi in ihrem kleinen Dorf die Stirn runzelte, weil es ihr schwer ums Herz war, fanden alle Dorfbewohner sie wunderschön.

Eine sehr hässliche Frau aus demselben Dorf, die ebenfalls fand, dass Tsi Shi besonders schön war, wenn sie traurig war, beschloss, ihrem Beispiel zu folgen, um selbst schöner auszusehen. Immer, wenn sie das Haus verließ, dachte sie an all ihre Sorgen und Nöte und runzelte die Stirn. Als die Nachbarn sie so sahen, fanden sie sie noch hässlicher. Wenn sie reich waren, schlugen sie mit lautem Knall die Türen ihrer Häuser zu und ließen sich nicht mehr blicken. Waren sie arm, nahmen sie Frau und Kinder und flohen aus dem Ort.

Die hässliche Frau versuchte es weiter, indem sie die Stirn auf andere Weise runzelte, aber sie hatte keinen Erfolg.

Das Dorf verwaiste, doch sie fand nie heraus, was die Schönheit von Tsi Shis gerunzelter Stirn ausmachte.

Die absichtslose und sich ihrer selbst nicht bewusste Schönheit der schönen Tsi Shi, geneigter Leser, ist eine Metapher für dein ganz persönliches Wesen. Die groteske Imitation der hässlichen Frau hingegen ist eine Metapher für dein Sein-Sollen.

Das heißt, zu unserer per se schon verzerrten Realitätswahrnehmung gesellt sich unsere Bereitwilligkeit, auf eine ganz bestimmte Art zu sein. Wir strengen uns wahnsinnig an, um nicht länger die zu sein, die wir sind.

Ein Wissender versucht nicht virtuos, intelligent oder begabt zu sein. Er ist sich bewusst, wer er ist, und vermittelt das auch, ohne es zu wollen.

Die Stärke eines Meisters ist die Treue zu sich selbst, der bewusste und aktive Respekt vor dem, was er ist, und von dem er weiß, dass er es ist.

Das Wesentliche ist nichts, was man suchen, anstreben oder erwerben muss; man sollte einfach nur seinem freien Ausdruck nicht im Weg stehen.

Es geht dabei nicht um die Vorgaben, die meine Identität von außen bestimmen, und von denen wir beim Suchenden sprachen. Hier geht es um die Frage, was es für einen Sinn haben sollte, immer derselbe zu sein, das heißt, eine fest umrissene Identität zu haben, bei dynamischen Lebewesen, wie wir es sind, in einer sich wandelnden Welt wie der, in der wir leben, in einer faktisch so schwer vorhersagbaren Realität wie in den heutigen Zeiten.

Man kann nicht zweimal in denselben Fluss steigen.
Heraklit

Sowohl der **Ignorant** als auch der **Suchende** empfinden alles als Bedrohung, was ihr Selbstbild in Frage stellt, und alles, was es bestätigt oder wertsteigert, als positiv. Beide glauben – jeder auf seine Weise –, dass ihr soziales Leben, ihre Sicherheit und Selbstbestätigung von der Aufrechterhaltung und Aufwertung dieses Selbstbildes abhängen.

Der **Ignorant** versucht, dem zu gleichen, von dem die Außenwelt ihm sagt, wie er sein soll.

Der **Suchende** verwechselt die unterschiedlichen Ausdrucksformen seines Selbst mit einer neuen, nicht von außen beeinflussten Identität.

Während beide versuchen, dies oder jenes zu sein, vergessen sie, sich dem Schönsten und Einfachsten hinzugeben: einfach nur zu sein.

Der **Meister** hingegen entscheidet sich, das spontane Fließen seiner selbst anzunehmen, einfach zu sein, statt sich mit inneren Bildern zu identifizieren.

Wissen oder Glauben

Steig hinauf bis in höchste Höhen, denn nur die Höhen führen zur Höhe.
Sieh hinab zu den Wurzeln, denn in ihnen liegen die Geheimnisse verborgen, nicht in den Blumen.
Antonio Porchia

Du musst nicht mehr wissen wollen. Sei einfach wahrhaftig in allem, was du tust.

Geh den Dingen stets auf den Grund. Je tiefer du kommst, desto tiefer lernst du dich selbst kennen.

Wenn du blind an etwas glaubst, über das du nichts weißt, beginnst du Dunkelheit anzuhäufen.

Mag sein, dass du auf deinem weiteren Weg, wenn du ein Meister geworden bist, herausfindest, dass das, was du nun weißt, sich nicht von dem unterscheidet, woran du damals glauben solltest. Dennoch ist es wichtig, den Unterschied zwischen Glauben und Wissen zu kennen …

Glauben heißt, eine Meinung haben. Daran ist nichts Schlechtes.

Wissen heißt, Gewissheit haben, und das ist sehr beruhigend …

Es ist keine Glaubenssache für mich, dass morgen die Sonne aufgeht.

Ich *weiß* es.

Und ich weiß, dass das nicht dasselbe ist …

Andere können dir erzählen, wie sie an diesen Punkt gelangt sind. Sie können über die Schwierigkeiten schreiben, die man vermeiden sollte, und darüber, was ihnen geholfen hat und was nicht. Und du kannst ihnen glauben.

Viele können dir kleine Hinweise geben, wo der Weg entlangführt, aber das sind keine fotografischen Aufnahmen einer genauen Wegstrecke. Denn jeder Mensch ist einzigartig und muss seine eigenen Erfahrungen machen. Erfahrungen, die womöglich noch nie zuvor jemand gemacht hat und die vielleicht nie wieder jemand machen wird.

Niemand kann für dich wissen.
Niemand kann für dich glauben.
Niemand kann für dich suchen.
Niemand kann für dich übernehmen, was du selbst tun musst.
Das Leben lässt keine Stellvertreter zu.

Auf deinem Weg werden Dinge geschehen, die deinem Meister auf seinem Weg nicht widerfuhren.

Auf deinem Weg werden Dinge geschehen, die auf

meinem Weg nicht geschehen und nicht geschehen werden.

Du kannst mir glauben. Ich versichere dir, dass das, was ich sage, stimmt. Aber das kannst du nicht wissen, bis du es selbst erlebst. Du bist nicht am Ziel, bevor deine eigenen Füße den Pfad entlanggehen.

Niemand kann genau dort stehen, wo du stehst, niemand kann deinen Standpunkt einnehmen, nicht einmal jene, die dir sehr nahestehen.

Der wahre Meister, der den Gipfel erreicht hat, ist liberal und rücksichtsvoll. Er beharrt nicht auf seiner Meinung. Nie wirst du ihn sagen hören: »Das ist der einzige Weg.« Nicht nur, weil es auf der Welt so viele Wege gibt, wie es Menschen gibt, sondern weil man von oben immer sehen kann, dass es viele Wege gibt. Wenn sich der Meister zur Weisheit aufgeschwungen hat (nachdem er den Gipfel erreicht und sich in höhere Höhen erhoben hat, du erinnerst dich?), wird er womöglich sogar Wege sehen, die noch niemand zu erklimmen vermochte, nicht einmal er selbst.

Vom Gipfel aus kann der Meister jene sehen, die nach oben streben, jeder auf seinem eigenen Weg, und kann, wenn der Schüler es zulässt, eine Abkürzung zeigen oder vor einem Abgrund warnen …

Über Jahrhunderte war der Lehrmeister der Prototyp des tugendhaften Menschen.[31]

»Tugendhaft« bedeutet hier nicht, dass er auf eine bestimmte Art und Weise auftrat, sondern dass er in Beziehung zum Wesentlichen, zur Wahrheit stand.

Der Wissende ist oft noch egoistischer als der Suchende.

Die großen Lehrmeister, Revolutionäre, Dichter, Maler, Musiker sind in der Regel große Egoisten gewesen. Sie leben ihr Leben, machen ihr eigenes Ding. Sie sind nicht Teil irgendwelcher Strukturen, sondern haben sich von ihnen gelöst. Sie stehen über allem, so sehr, dass man sie oft für Geisteskranke hält, weil sie Dinge vorwegnehmen oder etwas wissen, das sonst keiner weiß.

Wenn wir eine Frucht kosten (ein leckeres Essen, einen guten Wein), verfügen wir über die innere Er-

---

31 In den meisten Ländern war auch der Schullehrer ein geachteter und anerkannter Mann, dem eine Vorbildfunktion zukam. In jedem Dorf und in jeder Schule wurde der Lehrer als Träger der Weisheit verehrt. Man wandte sich nicht nur in Bildungsfragen an ihn, sondern bat auch in familiären, gesellschaftlichen oder politischen Dingen um seinen Rat.

fahrung dieses Erlebnisses, statt einfach nur wiederzugeben, was wir vom Hörensagen wissen, nachdem andere uns von ihrem Geschmackserlebnis erzählt haben.

Wer ein Senfkorn gekostet hat, weiß mehr über seinen Geschmack als jener, der ein Leben lang die Karawanen mit Säcken voller Senfsaat an seinem Haus vorüberziehen sieht.
Arabisches Sprichwort

Aber man darf sich nichts vormachen: Ein Meister ist ein Wissender, doch er weiß nicht die Antworten auf alle Fragen. Er kann nicht alles erklären, noch kennt er jedes Warum.

Der Meister glaubt nicht, er weiß. Vielleicht genügt es ihm deshalb nicht, dass du ihm glaubst.
Der Meister möchte, dass auch du weißt.

Vom Erwachen

Wir alle haben irgendwann in unserem Leben das Gefühl gehabt, alles ganz klar zu sehen. Zu verstehen.

Der Unterschied zwischen unseren Momenten der Klarheit und dem, was ein Meister oder ein Weiser zu erfahren imstande sind, besteht darin, dass diese ständig im Zustand der Klarheit leben.[32]

In der fernöstlichen Philosophie wird die wahre Erkenntnis als »Erwachen« bezeichnet, das denjenigen, der es erreicht, zur endgültigen, tiefen Einsicht in alle Aspekte der Realität führt.

Jeden Morgen erwacht nicht nur unser Geist, wenn er den trügerischen Zustand des »Traums« verlässt. Vielmehr tritt unser ganzes Sein in eine andere Welt ein, die Welt des Wachzustands.

Das Erwachen, von dem hier die Rede ist, ist kein Synonym für den Erwerb dieser oder jener Erkenntnisse; es ist ein Sich-Bewusst-Werden, ein Öffnen der Sinne, die unbefangene, frische Wahrnehmung einer neuen Welt, oder eine neue Bewusstseinsebene innerhalb einer realen Welt. Es ist eine Erkenntnis, die einen grundlegenden Wandel nach sich zieht, nach dem weder der Erkennende noch die bekannte Welt je wieder die gleichen sein werden.

Es ist die Art von wissender Erkenntnis, die der Weg zur Weisheit gewährt, nennen wir sie Verständnis, Vision, Bewusstwerdung oder wie in Fernost: Erwachen.

---

32 In der fernöstlichen Philosophie ist dies der Zustand des Satori.

Eines Abends, eines traurigen Abends, fand ich heraus, dass die Heiligen Drei Könige nicht existierten.

Es war der 5. Januar, und ich lauerte in meinem Versteck darauf, dass Kaspar, Melchior und Balthasar auf ihren Kamelen vorbeikämen, als ich beobachtete, wie meine Eltern mein Dreikönigsgeschenk neben meine Schuhe stellten.

Lange saß ich da und betrachtete die Szene … und als ich in mein Bett zurückkehrte, wurde mir klar, dass meine Schulkameraden, mit denen ich seit Wochen stritt, weil ich nicht von meinen Vorstellungen lassen wollte, die Wahrheit gesagt hatten …

In dieser Nacht weinte ich ein wenig, dachte viel nach und schlief überhaupt nicht.

Am nächsten Morgen – mein Geschenk war noch unausgepackt – setzte ich mich in dem absurden Wunsch, eine Bestätigung für das Gesehene zu bekommen, zu meiner Mama in die Küche, die gerade einen Teig anrührte. Ich sah sie wortlos an, während ich auf ein Wort, eine Geste wartete.

Meine Mutter muss etwas gemerkt haben, denn sie sagte einfach:

»Die Heiligen Drei Könige gibt es nicht, Jorge …«

Ich erinnere mich, dass ich reglos dasaß und schluckte. Dann fragte ich, als wollte ich mich an etwas festhalten, das mir entgangen war:

»Und das Mäuschen Pérez[33] gibt es auch nicht, stimmt's?«

Meine Mutter schüttelte den Kopf, lächelte mir zu und tupfte mir ein bisschen Mehl auf die Nase.

Und ohne dass es mir jemand gesagt hätte, wusste ich, dass nichts mehr so sein würde wie es vorher war.

Ich war nicht mehr derselbe, und die Welt auch nicht.

Man könnte nun zu Recht sagen, dass ich spionierte, weil ich es eigentlich bereits wusste. Man könnte anführen, dass die Lüge von den Heiligen Drei Königen ein pädagogischer Irrtum der damaligen Zeit war. Man könnte glauben, dass alle Kinder das eigentlich wissen (ich schwöre, dass ich bis zu diesem Tag keine Ahnung hatte!). Aber Tatsache ist, dass dieses Erlebnis eine tiefgreifende Veränderung in meinem Leben darstellte. Es war der Moment, an dem ich mich für die Sexualität zu interessieren begann, in dem sich das Verhältnis zu meinen Klassenkameraden besserte und in dem ich merkte, dass mein Vater nicht der beste Schachspieler der Welt war …

Ich hatte mich verändert. Und in diesem Sinne ist

33 In Argentinien holt das Mäuschen Pérez die herausgefallenen Milchzähne ab und legt dafür Geld unter die Kopfkissen der Kinder.

die eigentliche Erkenntnis (hier hinsichtlich der Heiligen Drei Könige) nebensächlich, so wie dies noch oft der Fall sein wird. Dass sie nebensächlich ist, wertet die gemachte Erfahrung nicht ab, denn entscheidend ist, dass es ein einschneidendes Erlebnis gibt. Das ist es, was uns verändert und uns zwingt zu erwachen.

In den meisten Fällen sind unsere realen Veränderungen eng an einen bestimmten Lernprozess gebunden, eine bestimmte Information, die völlig neu für uns ist und den Horizont des Verstehens erweitert.

Jene Veränderungen in unseren Handlungen, die nicht auf einem Zugewinn an Erkenntnis beruhen, beschränken sich lediglich auf eine Änderung unserer Gewohnheiten, ein Lernen, das kaum mehr als ein Nachplappern ist, oder ein Zwang zur Wiederholung.

Der **Wissende** hat das Leben in all seinen Geschmäckern und auf jede mögliche Weise erkundet: süß, bitter, sauer, herb, schnell, langsam, gelassen, explosiv. Er hat das Gute und das Schlechte ausprobiert. Er hat die Schwingung des Erwachens in der Musik gespürt, im Tanz, in der Poesie, in der Malerei, in der Bildhauerei, in der Architektur, im Sex, in der Rebellion, in der Liebe und im Hass …

Er hat viele Dinge getan, war auf Partys, in Hotels, in Krankenhäusern, auf Festen. Er hat Jobs, Freunde, Lieben gewonnen und wieder verloren. Er hat gestritten, nachgegeben, gefeiert. Er hatte Zusammenstöße, ist dick geworden, hat geküsst, ist geschwommen. Er war niedergeschlagen, fröhlich, beschämt, erfüllt, eingesperrt und frei. Er war Gärtner, Schuster, Schreiner, Bettler, Lehrer und Müllmann …

Und bei all dem hat er Erfahrungen gesammelt, aufbegehrt, sich verändert, genossen, geweint und dazugelernt.

Alle großen Meister und Entdecker haben ursprünglich etwas anderes gelernt als das, wodurch sie uns in Erinnerung geblieben sind. Es sind Menschen, die den Mut hatten, Neuland zu betreten, Gebiete, auf denen sie keine Fachleute waren.

Jene Männer und Frauen, die nicht dazu erzogen wurden, mutig zu sein, bleiben ihr Leben lang an den Dingen hängen, die sie am besten können. Und je länger sie sie machen, desto besser werden sie darin. Und je besser sie darin werden, desto weniger sind sie dazu in der Lage, etwas Neues auszuprobieren.

Der **Wissende** ist ganz anders. In gewisser Weise stellt er den genauen Gegenpol dar. Der Meister ist der Ansicht, dass die Tatsache, dass jemand keine klare Vorstellung von sich selbst hat, der Wahrhaftigkeit nicht im Wege stehen muss. Denn unsere Wahrheit ist keinesfalls eine Vorstellung oder ein inneres Bild. Sie ist die stille Stimme unseres eigenen Seins, die stets im Hier und Jetzt zu uns spricht, die uns eingibt, wie wir jetzt handeln oder uns verhalten sollen, nicht später.

Wir selbst zu sein heißt, uns nicht zu verstellen, keine Angst zu haben, zu zeigen oder zu sagen, wer wir sind. Es heißt auch, uns von allen Ansprüchen freizumachen: niemand sein zu wollen, der wir nicht sind, noch, etwas Besonderes sein zu wollen. Es ist eine grundlegende Aufrichtigkeit gegenüber uns selbst, unserer Situation und unserer Wahrheit, hier und jetzt.

Stellen wir uns eine Übung vor.

Wenn du das nächste Mal traurig bist, dann flüchte dich nicht in irgendeine Tätigkeit oder Beschäftigung. Statt einen Freund zu besuchen, einen Film zu sehen, das Radio oder den Fernseher einzuschalten … statt dich zu flüchten … schließ einfach nur die Augen und geh in deine Traurigkeit hinein. Betrachte sie, ohne sie oder dich zu beurteilen. Beobachte sie, beobachte dich. Betrachte sie wie eine Regenwolke an einem Tag, den du dir sonnig gewünscht hättest. Aber ärgere dich nicht.[34]

Die Erfahrung, die ich dir vorschlage, nennt sich »Kontinuum des Bewusstseins« und führt zur gelassenen Annahme dessen, was ist.

Man kann nur verärgert sein, wenn man sich den Gegebenheiten widersetzt. Versuche mal, dich zu ärgern und gleichzeitig anzunehmen, was ist, und du wirst sehen. Niemand ist in der Lage, diese beiden Dinge gleichzeitig zu tun, und ich glaube nicht, dass du die Ausnahme bist.

Mangelndes Annehmen-Können ist die Wurzel aller geistigen und seelischen Erkrankungen und womöglich auch vieler körperlicher Krankheiten. Für sie alle ist Annehmen-Können das einzig wirksame Heilmittel.

Dabei darfst du Annehmen-Können nicht mit Konzentration verwechseln.

---

34 Wie oft hast du dich schon geärgert … Und was hast du daraus gelernt? Wie oft hast du dich ohnmächtig gefühlt … und welche Erfahrung hast du daraus gewonnen? Wie oft hast du die äußeren Umstände durch einen Wutanfall zu ändern versucht?

Sich zu konzentrieren bedeutet, den Geist zu fokussieren, die Aufmerksamkeit auf einen Punkt zu richten. In der Konzentration wird der Geist mächtiger und deshalb gefährlicher als je zuvor.

»Bewusst-Werden« ist etwas völlig anderes. Es ist kein Fokussieren, es ist ein Wachsamsein ohne jeden Fokus. Es ist kein Sich-Konzentrieren auf äußere oder innere Dinge. Es ist keine Suche nach einem passenden Gedanken, noch das Wahrnehmen einer spezifischen Emotion. Es ist ein Bewusst-sein im Hier und Jetzt.

Es gibt eine **Freiheit von**, eine **Freiheit zu** und eine dritte **Freiheit**, ohne jedes »von« und »zu«.

Die erste, die **Freiheit von**, ist eine Reaktion. Sie zielt darauf ab, gegen die Vergangenheit aufzubegehren, um sich von ihr zu befreien. »Ich kann dieses oder jenes tun, was ich früher nicht konnte, weil ich jetzt …« usw., usw. Die Psychoanalyse versucht, dir diese Freiheit zu geben, indem sie dich von früheren Traumata, von den Verletzungen der Kindheit befreit. Die klassische Therapie basiert vor allem auf der Vergangenheit, weil du zurückgehen musst, um dich von der Vergangenheit zu lösen. Du musst zum ursprünglichen Trauma zurückkehren, und sei es deine eigene Geburt, wie dies die Primärtherapie vertritt. Erst dann wirst du frei sein.

Die zweite Kategorie ist die **Freiheit zu**. Ein Gedankenmodell, das sich an der Zukunft orientiert. Ist die **Freiheit von** eine politische und therapeutische Idee, so ist diese zweite Freiheit poetischer, visionärer, utopischer. Viele wollten diese Freiheit als die essentielle ansehen, doch das ist nicht möglich, denn wenn du auf die Zukunft ausgerichtet bist, kannst du nicht in der Gegenwart leben. Und deine Essenz ist die Gegenwart. Du lebst weder in der Vergangenheit, noch lebst du in der Zukunft. Du musst im Hier und Jetzt leben.

Die dritte **Freiheit** ist eine spirituellere, eine sehr alte, mystische Vorstellung.

Es erklingt eine wundervolle Musik … und wir sind taub.

Da ist eine gewaltige Schönheit überall … und wir sind blind.

Alles Sein feiert in diesem Moment … und wir bekommen nichts mit von dem Fest, weil wir glauben, wir seien nicht eingeladen.

Schaue, denke, fühle, lebe, und in dir wird etwas erwachen, das man Bewusstsein nennt.

Und ist das Bewusstsein erst einmal erwacht, wirst du allmählich die Vergangenheit und die Zukunft hinter dir lassen und in die Gegenwart finden. In die Freiheit, die nur jene besitzen, die allen Zwängen entsagt haben.

In dieser Gegenwart werden all deine Sinne so rein, so empfindsam, so geschärft, so wach und so lebendig, dass dein ganzes Leben eine neue Intensität gewinnt.

Du wirst voller Enthusiasmus sein. Die Welt ist dieselbe und doch ganz anders: Die Bäume erscheinen dir grüner, der Himmel blauer, die Menschen lebendiger und schöner …

Authentisch zu leben heißt, so lehrt uns die Weisheit, nicht zu planen, was wir einmal sein werden, sondern in jedem Augenblick zu entdecken, was wir sind.

Der Blick auf das, was wir einmal waren oder gestern getan haben, kann hilfreich sein, aber er gibt uns keine endgültige Orientierung für das, was wir heute sein oder tun sollen.

Unsere erste Pflicht ist die, die wir uns selbst gegenüber haben.

Unsere Pflicht den anderen gegenüber führt, wenn sie ehrlich ist, immer über die erstere.

Wenn du aufgehört hast, ein Suchender zu sein, sehnst du dich nicht mehr nach der Aufmerksamkeit der anderen. Im Gegenteil, du wirst zum Zeugen deines eigenen Seins, beginnst deine Gedanken,

Wünsche, Träume und Motivationen zu beobachten. Du schaffst eine neue Art von Bewusstsein in dir. Du wirst zum Zentrum deiner selbst, das still beobachtet, was geschieht.

Zorn steigt in dir auf, und du beobachtest ihn. Du bist nicht einfach nur zornig, du beobachtest.

Und das Wunder ist, dass der Zorn, wenn du ihn beobachtest, verschwindet, bevor du ihn unterdrücken kannst.

Die Dummen, die sich hinter der Maske eines Heiligen verstecken, müssen den Zorn unterdrücken. Sie müssen ihre Sexualität unterdrücken, sie müssen ihren Neid unterdrücken. Und je mehr du etwas unterdrückst, desto tiefer gräbt es sich in dein Unterbewusstsein. Es wird Teil deines tiefsten Inneren und beginnt von dort aus dein Leben zu beeinträchtigen. Es ist wie eine eiternde Wunde, die du unter einem Verband verbirgst. Die verbundene Wunde braucht länger, um zu heilen, und manchmal heilt sie nie.

Wir sollten uns ohne Scham eingestehen, dass wir keine zuverlässigen Handlungsanweisungen oder Kriterien haben, um adäquat abschätzen zu können, was werden wird. Sich das einzugestehen wird uns dabei helfen, unsere vorgefassten Vorstellungen von uns selbst abzulegen oder ihnen lediglich einen relativen, vorläufigen Wert beizumessen.

Der **Wissende** ist jemand, der weiß, wer er ist, aber dieses Wissen kommt nicht durch den anderen.

Er lebt das Leben im Einklang mit seinem eigenen Selbst, nicht im Einklang mit den Werten der anderen.

Er hat seine eigene Vision und den Mut, sie zu leben.

Von der Notwendigkeit kohärent zu sein

Lange Zeit pochte ich auf mein Recht, widersprüchlich zu sein. Ich behauptete, es sei logisch und erstrebenswert, seine Meinung zu ändern. Das Entscheidende sei nicht die Widersprüchlichkeit, sondern die Kohärenz.

»Kohärenz« bedeutet, dem Ererbten, dem Vergangenen treu zu sein, dem, was andere mir hinterlassen und in mir gesät haben.

Heute ist es nicht mehr mein Ziel, kohärent zu sein, und ich möchte auch nicht, dass du es bist.

Ich möchte mehr und mehr kongruent sein und, wenn es mir möglich ist, anderen dabei helfen, es ebenfalls zu werden.

Kohärent zu sein, bindet uns an die Vergangenheit, denn es bedeutet, in Einklang mit einem Ich zu leben, das ich nicht mehr bin. Es bedeutet die völlige Übereinstimmung mit Dingen aus der Vergangenheit und mit einem Ich, das, wenn es dieses Ich einmal gab und es seine Spuren hinterließ, heute tot ist.

Der Versuch kohärent zu sein heißt, eine sich wiederholende Geschichte leben zu wollen. Es bedeutet, dass ich dem Leben, das ich jetzt lebe, nicht gestatte, mir Neues zu bieten.

Wenn du im Stillstand verharrst,
bist du nicht länger ein Fluss;
du bist ein Tümpel geworden,
das Leben
fließt nicht länger durch dich hindurch.

Die Blumen
öffnen im Frühling ihre Kelche,
doch wenn du dein Fenster nicht öffnest,
kannst du ihren Duft nicht wahrnehmen.

Die Vögel
kehren nach dem Winter aus dem Süden zurück,
doch wenn du nicht zum Himmel hinaufblickst,
wirst du es nicht bemerken.

Die Sonne
wird auch morgen wieder aufgehen,
doch wenn du deine Türen verschlossen hältst,
werden ihre Strahlen NIEMALS in dein Zimmer fluten.

Martha Morris

Auf dem Weg zur Weisheit lernen wir, dass es nur Leid bringt, in unseren eigenen Gedanken gefangen zu bleiben.

Mein existentieller Schmerz ist der Kampf zwischen dem Wissen darum, was und wer ich bin, und der inneren Welt meiner Vorstellungen und Interpretationen. Mit anderen Worten sind Angst und Verzagtheit die Strafe dafür, nicht so zu sein, wie wir glauben, sein zu müssen.

Kohärent zu sein ist letztlich das Bemühen, all dem treu zu bleiben, was wir in der Vergangenheit erworben haben. So zu sein, wie man früher war, zu sagen, was man schon einmal gesagt hat, zu tun, was man gestern getan hat, die Erwartungen zu erfüllen, die unser Verhalten in den anderen geweckt hat.

Unsere Identität ist die Summe all dessen, von dem wir glauben, dass wir es sind: unsere starren Verhaltensweisen und unguten Gewohnheiten, als verbindlich anerkannte Regeln und verinnerlichte Konditionierungen, dazu all unsere Introjektionen und die Lücke des Verneinten, Verweigerten.

Kohärent zu sein heißt, versuchen, immer identisch mit sich selbst zu sein, identisch mit denen, die durch meine Erziehung diese Identität schufen.

Unser ignorantes, unwissendes Ich bezieht sein Feedback aus seinen Erfolgen und dem Beifall der anderen Ignoranten, die uns auf unserem Weg bestätigen, um sich so in ihrem eigenen zu bestärken.

Wenn wir eines unserer Ziele erreichen, freuen wir uns eine Zeitlang und stellen fest, dass es eine Belohnung für unsere Bemühungen und unsere Kohärenz gibt. Aber wir merken nicht, dass unsere wahre Freude nicht auf dem narzisstischen Vergnügen beruht, unser Ziel erreicht zu haben, sondern darauf, dass wir für einen kurzen Moment aufhören zu kämpfen und ganz entspannt einfach nur sind.

Wir merken nicht, dass die Freude möglich ist, weil wir uns als Belohnung für das Erreichte die Erlaubnis erteilen, für einen Moment damit aufzuhören, ständig irgendwo ankommen zu wollen.

Die Freude am erreichten Ziel bestärkt uns in der Vorstellung, auf dem richtigen Weg zu sein, und dann folgt das nächste Ziel, das nächste Vorhaben, das nächste Zückerchen, eine neue Verheißung für die Zukunft, die uns wie schon andere Male zuvor für einen Moment in die Welt der Erfolgreichen katapultiert.

Das *Jetzt* befreit uns unter anderem von dem, was man die Falle des Gestern und des Morgen nennen könnte. Es sind zwei imaginäre Fallen, denn das Gestern ist lediglich unsere Erinnerung an das scheinbar

Geschehene und das Morgen nichts anderes als unsere zurechtphantasierte Vorwegnahme der angeblichen Zukunft.

Das *Jetzt* ist die einzige Realität, auch wenn sie nicht die angenehmste aller Realitäten sein mag.

Es ist immer *heute*, niemals gestern, niemals morgen.

Wir flüchten uns in die Vergangenheit und in die Zukunft, denen wir den Rang objektiver, absoluter Realitäten zuweisen (als wären sie unabhängig von uns), während wir uns zugleich von ihnen eingeengt fühlen. Wir haben Angst vor der Zukunft, die wiederum die Projektion unserer Interpretation der Vergangenheit ist.

Der Ignorant leidet lieber an dem, was einmal war, und bleibt untätig, aus Angst vor dem, was sein wird, statt die Verantwortung für das zu übernehmen, was ist, und das Risiko einzugehen, in Kongruenz zu seinen augenblicklichen Wünschen und Bedürfnissen zu handeln.

Das Leben ist letztendlich ein ständiger Widerstreit zwischen der angenommenen Identität und dem wahren Ich. Und das Schlachtfeld, auf dem dieser Kampf stattfindet, sind wir selbst und die Beziehungen, die wir zu den anderen unterhalten.

Um sich der Konsequenzen bewusst zu werden,

die dieser Kampf nach sich ziehen kann, genügt es, diese Rede zu lesen, die Winston Churchill während des Krieges an die Engländer hielt:

»In derselben Überzeugung und Gewissheit, mit denen ich vor einigen Monaten sagte, dass die Dinge so seien, wie sie seien, und niemals anders werden könnten, genauso sage ich Ihnen heute ohne jedes Zögern, dass alles ganz anders ist und niemals so war oder sein wird, wie ich es damals behauptete.«

Der kohärente Mensch ist gesellschaftlich akzeptiert, weil er berechenbar ist. Du weißt genau, was er morgen tun wird, weißt, wie er reagieren wird.

Der kohärente Mensch ist gut zu leiten und leicht zu manipulieren. Du weißt, welche Knöpfe du drücken musst. Der kohärente Mensch ist eine Maschine, kein Mensch. Du kannst ihn ganz nach Belieben ein- und ausschalten, und er wird tun, was du sagst.

Kohärent zu sein ist der verzweifelte Versuch, für die anderen berechenbar zu sein.

Als Anerkennung nennt die Gesellschaft diese Kohärenz »Charakter haben«.

Ein Meister, der sich der Weisheit annähert, hat keinen »Charakter«, nicht aus geistiger Schwäche, sondern weil er nichts beweisen muss. Seine Haltung geht über »Charakter haben« hinaus, weil er verstanden hat, dass er sich die Bequemlichkeit immer gleicher Antworten nicht erlauben kann. Weil sich »Charakter« nur erwerben lässt, wenn man auf Veränderung verzichtet.

Ein Wissender entdeckt, dass es darauf ankommt, kongruent zu sein. Sich die Freiheit zu nehmen, der zu sein, der man in diesem Augenblick ist; die Freiheit, zu dem Verhalten zu finden, das dem gegenwärtigen Moment angemessen ist; die Freiheit, für die anderen unberechenbar zu werden, ohne sich für die Enttäuschung der anderen verantwortlich zu fühlen.

Kongruent zu sein heißt, im Heute, Hier und Jetzt zu leben und offen für Veränderungen zu sein.

Es handelt sich um eine andere Art von Harmonie: die Harmonie der Schönheit des Seins im Seienden.

Der Weise lebt das Leben in all seinen Facetten. Er ist wie ein Regenbogen, der das gesamte Spektrum umfasst. Er bedient sich aller Farben, und deshalb kann er nicht kohärent sein. Und er ist auch nicht daran interessiert. Er ist im Wandel, ist anders, lebendig, kreativ … und widersprüchlich.

Was wäre gewesen, wenn Picasso nach seiner Blauen Phase darauf aus gewesen wäre, kohärent zu sein, und darauf verzichtet hätte, seine Palette zu erweitern?

Braucht man einen Lehrmeister?

Am Anfang der Suche ist die Begegnung mit einem Meister eher unvermeidlich als unerlässlich. Wenn du nicht in Kontakt zu jemandem stehst, der die Ignoranz, die Unwissenheit hinter sich gelassen hat, kannst du das Ziel unmöglich erreichen. Die Hindernisse gehen in die Millionen – da sind so viele falsche Türen, unendlich viele Verlockungen. Und so groß ist die Wahrscheinlichkeit, in die Irre zu gehen.

Ohne die Begleitung eines Menschen, der den Weg kennt und ihn bis zum Ende gegangen ist, ohne dich in die Hand eines Menschen zu begeben, dem du vertraust und dem du dich ehrlich und vollständig hingeben kannst, wirst du in die Irre gehen.

Wer zur Weisheit finden will, muss unablässig bereit sein, Schüler zu sein, von anderen zu lernen. Ich muss mir eingestehen, was ich alles nicht weiß, und vor allem entgegen meiner narzisstischen Veranlagung bereit sein zu akzeptieren, dass ein anderer mehr weiß als ich.

Aber Vorsicht: Nicht weniger wichtig ist es, die Beziehung zu diesem Lehrmeister so zu gestalten, dass man nicht von seiner Führung abhängig ist.

Von einem Wissenden zu lernen ist leicht. Er kann seinem Schüler alles weitergeben, was er weiß. Er kann es ihm auf einfache Weise vermitteln; für ihn ist die Sprache ein ausreichendes Transportmittel.

Ein Wissender ist ein Lehrer, und wenn er sich auf dem Weg zur Weisheit befindet, ist er auch ein Meister.

Ein Weiser hingegen ist nur selten ein guter Lehrer. Wenn er sich einmal dazu entschieden hat, ist und bleibt er ein großer Meister, auch wenn es ihm nicht liegt, andere zu unterweisen. Wie wir noch sehen werden, zeigt er uns zwar die ganze Zeit die Wahrheit, kann sie aber nicht vermitteln.

Im Gegensatz zu so manchem Lehrer oder Professor handelt der Meister niemals im Auftrag einer etablierten Macht. Seine Aufgabe ist es nicht, das Leben der anderen fröhlicher zu machen und es zu bereichern. Möglicherweise stößt er die Lügner auf ihre Lügen, verärgert die Hochmütigen, empört die Fanatiker und rüttelt im besten Falle die Schlafenden auf, was im Allgemeinen wenig Anlass zu großer Freude gibt.

Es ist wahrscheinlicher, dass die große Masse einem falschen Lehrer folgt als einem wahren Meister. Dem Wissenden folgen nur die wenigen, die imstande sind, seine Worte zu verstehen.

Und wenn der Wissende zum Weisen wird, versteht ihn vielleicht gar keiner mehr.

Die Aufrichtigkeit des wahren Meisters erregt Verdacht bei jenen, denen das Täuschen zur zweiten Natur geworden ist. Bei einem Menschen ohne jede Falschheit denken sie: »Was hat der vor? Was mag er wollen?« Sie können einfach nicht verstehen, dass er gar nichts will, dass er keine Geheimnisse und keine Strategien hat.

Aufrichtiges, unverstelltes Verhalten ist so ungewöhnlich, dass ehrliche Menschen jenen sehr verbohrt erscheinen können, denen Verstellung und Kalkül zur zweiten Natur geworden sind.

Ehrlichkeit ist oft ein Ärgernis für jene, die im Meister den Spiegel sehen, der ihnen zwangsläufig ihr eigenes verzerrtes Bild, ihre eigene Deformation zeigt.

Wer authentisch und geradeheraus ist, wird häufig missverstanden und noch häufiger als lästig empfunden.

Der Meister, in dem man sich spiegelt, wird von den Massen verdammt und zuweilen sogar ermordet. John Lennon sagte zwei Jahre vor seinem Tod voraus: »Sie wollen mich kreuzigen.«

Ein Meister macht aus einer Dummheit etwas Beschämendes und aus einer Lüge eine Beleidigung. Seine Mission ist es, der Freiheit zur Geltung zu verhelfen und die Menschen wachzurütteln, damit sie Ressentiments nicht mit Gerechtigkeit verwechseln und Moral nicht mit Erziehung. Zu erreichen, dass Unmissverständlichkeit nicht als Unnachgiebigkeit verstanden wird und niemand glaubt, nachbeten sei gleichbedeutend mit lernen.

Es hat keinerlei Sinn, einfach nur nachzubeten, was ein anderer gesagt hat.

Eine Wahrheit zu wiederholen, die man sich nicht zu eigen gemacht hat, heißt, eine Lüge zu wiederholen.

Krishnamurti

Aber man muss sich nicht als Meister fühlen oder für einen Weisen halten, um nach der Wahrheit zu suchen, und erst recht nicht, um mit dem Denken anzufangen.

Der Schöpferische, der Suchende oder der Wissende sind nicht notwendigerweise gelehrte Menschen, und das müssen sie auch nicht sein. Wir alle können beginnen, den Weg aus unserer eigenen Erfahrung heraus zu schaffen.

Weisheit beginnt in der Unwissenheit.

Platon lehrt uns:

Sokrates: »Also du Lächerlicher hast wohl niemals gehört, dass ich der Sohn einer Hebamme bin, einer sehr berühmten und ehrwürdigen, der Phainarete?«

Theätet: »Das habe ich wohl schon gehört.«

Sokrates: »Etwa auch, dass ich dieselbe Kunst ausübe, hast du gehört?«

Theätet: »Das keineswegs.«

Sokrates: »Wisse dann: dem ist also […] Von meiner Hebammenkunst nun gilt übrigens alles, was von der ihrigen; sie unterscheidet sich aber dadurch, dass sie Männern die Geburtshilfe leistet und nicht Frauen, und dass sie für ihre gebärenden Seelen Sorge trägt und nicht für Leiber. Das Größte aber an unserer Kunst ist dieses, dass sie imstande ist zu prüfen, ob die Seele des Jünglings Missgestaltetes und Falsches zu gebären im Begriff ist, oder Gebildetes und Echtes […] Die aber mit mir umgehen, zeigen sich zuerst zwar zum Teil gar sehr ungelehrig; hernach aber, bei fortgesetztem Umgange, machen alle, denen es der Gott vergönnt, wunderbar schnelle Fortschritte, wie es ihnen selbst und anderen scheint; ***und dieses offenbar ohne jemals irgendetwas von mir gelernt zu haben, sondern nur aus sich selbst entdecken sie viel Schönes und halten es fest; die Geburtshilfe indes leisten dabei der Gott und ich.****«*

Das Bild der Hebamme ist wirklich interessant und reizvoll. Sokrates befreit das Denken seines Gesprächspartners von der Unwissenheit, indem er diesen darauf stößt. Der ist ein weiser Lehrmeister, der sich darauf beschränkt, das Problem aufzuzeigen, ohne indes eine Lösung zu bieten. Er weist lediglich auf das Hindernis hin und zeigt den Weg auf … Das Ergebnis dieser Geburtshilfe ist ein Suchender, der der Weisheit ein wenig näher gekommen ist.

Diese berühmte »sokratische Technik« der Maieutik beruht darauf, dass Sokrates, Unwissenheit vortäuschend, Fragen an seine Gesprächspartner stellt und sie auf diese Weise dazu bringt, sich mit dem fraglichen Gesprächsgegenstand auseinanderzusetzen, um dann darzulegen, wie absurd, unlogisch oder widersprüchlich ihre Antworten sind – wenn sie nicht schlichtweg an der Frage vorbeigehen.

Die Maieutik ist die Kunst, jene Ideen zu gebären, die bereits im Gesprächspartner angelegt sind, ohne dass dieser darum wusste; Erkenntnisse ans Licht zu bringen, die jener besitzt, ohne sich dessen bewusst zu sein.

Bei der psychotherapeutischen Arbeit wenden wir häufig eine Technik an, die Parallelen zu dieser sokratischen Methode aufweist. Mit Hilfe des Therapeuten gelangt der Patient durch seine eigenen Aussagen zu einer Erkenntnis seiner selbst, die er zuvor nicht besaß, obwohl sie bereits in ihm angelegt war. Das heißt, er bringt intrapsychische Inhalte ans Tageslicht, die ihm zuvor nicht bewusst waren.

Dieser Prozess ist eines der beiden Hauptziele psychotherapeutischer Arbeit, und damit ist die Psychologie als Lebenshilfe bereits gerechtfertigt.[35]

Wir Therapeuten benutzen häufig das metaphorische Bild von der Suche nach dem Weisen, der in jedem von uns steckt, als ein Teil von uns, der weise ist, selbst wenn er noch kein einziges Buch gelesen hat und noch nie aus seinem gewohnten Viertel herausgekommen ist. Er ist ein Teil von uns, der die Summe der kostbarsten, althergebrachten Weisheit verkörpert, die auf geheimnisvolle Weise Antworten für all unsere Ängste und Sorgen bereithält.

Am besten sucht man sich Lehrer, deren Wort nicht ohne Verständnis ist, deren Ermutigung keinen Vorwurf enthält, deren Blick nicht verurteilt und deren Ratschlag nicht aufwühlt, statt zu beruhigen.

S. Kierkegaard

---

35 Bei dem anderen Ziel geht es darum, dem Patienten dabei zu helfen, Verwundungen ans Tageslicht zu bringen und zu akzeptieren, dass es Schatten gibt, damit beide heilen können.

Einer meiner Lehrmeister sagte immer:

Ich bin ein Dornauszieher, meine Arbeit gleicht dem, was hier beschrieben ist:

Du hast einen Dorn im Fuß, und ich komme mit einer Nadel (die tatsächlich ziemlich große Ähnlichkeit mit einem Dorn hat), um den Dorn herauszuziehen, der in deinem Fuß steckt. Das ist alles.

Aber wir müssen beide wachsam bleiben. Der Dorn und die Nadel sind einander sehr ähnlich, es gibt keinen qualitativen Unterschied. Wenn der Dorn mit Hilfe der Nadel herausgezogen wurde, muss man auch die Nadel wieder herausziehen.

Wenn etwas von dem, was ich sage oder tue, dir einen deiner Zweifel nimmt, heißt das nicht, dass meine Antworten nun den Platz einnehmen sollten, den zuvor deine Fragen einnahmen.

Wenn du vergisst, worauf geantwortet wurde, dann vergiss auch die Antwort, denn andernfalls wird es dir Probleme bereiten.

Verliebe dich nicht in Worte und mach dich nicht abhängig von Ideen. Sie sind lediglich Werkzeuge, Nadeln, mit denen man Dornen ausziehen kann, bevor man beide aus der Haut entfernt.

SIEBTES KAPITEL

Die Weisheit

Der Weise weiß nicht um alles,
was er weiß.

Viele, viele Jahre vergingen.

Shimriti begriff, worum es bei allen Wegen gegangen war, die sie zurückgelegt hatte:

Jeder dieser Wege war schon immer dort gewesen.

Jeder konnte sich im Leben eines Jeden befinden.

Wir alle wurden in Ignorantia geboren.

Die Liebe des Meisters war nötig gewesen, um sich auf den Weg nach Data zu machen und eine Suchende zu werden.

Es hatte viele Mühen gekostet, erneut in den Zug zu steigen und dabei nicht der Versuchung zu erliegen, den Weg nach Nec einzuschlagen oder unversehens auf den Weg nach Superlatus zu gelangen.

Es hatte viel Zeit und Verzicht gebraucht, um den Weg nach Gnosis zu verstehen und zuerst eine Wissende und dann eine Meisterin zu werden.

Schließlich gab es noch einen fünften Weg, den Weg zu diesem namenlosen Ort: den Weg der Weisheit.

Shimriti war froh um alles, was sie erlebt hatte, denn sonst wäre sie niemals so weit gekommen.

Sie war unterwegs, um die Wahrheit zu finden. Es war niemals ihr Wunsch gewesen, bei den Weisen zu leben, und doch führte genau diese Beharrlichkeit sie dorthin, so weit über ihre ursprüngliche Motivation hinaus.

Als sie den, wie sie es nannte, letzten Grund betrat, fand sie eine angenehme Überraschung vor.

Shimriti freute sich, einem Gefühl wiederzubegegnen, das sie für ihr Leben verloren glaubte:

Sie wusste wieder, dass sie nicht wusste.

Wie damals in Ignorantia, antwortete sie auf die Frage »Weißt du?« aufrichtig und ohne Bescheidenheit:

»Ich weiß nicht … Ich weiß nicht, ob ich weiß …«

Individuelle und gesellschaftliche Genese der Weisheit

In jedem Werk des Genius erkennen wir unsere eigenen zurückgestoßenen Gedanken wieder: Sie kommen zurück zu uns mit einer gewissen entfremdeten Majestät […] Sonst wird morgen ein Fremder mit meisterhaft gutem Verständnis genau das aussprechen, was wir die ganze Zeit gedacht und gefühlt haben, und wir werden gezwungen sein, mit Scham unsere eigene Meinung von jemand anderem entgegenzunehmen.

Ralph Waldo Emerson[36]

Die meisten Menschen kommen nicht über die Phase des **Ignoranten** hinaus, gefangen in ihrem Bemühen, zu der fremdgesteuerten Masse zu gehören, die im Autopilot lebt. Eine wesentlich kleinere Gruppe erreicht die Phase des Suchenden, und auch diese gerät oft ins Stocken. Zu diesen »Auserwählten« würde ich die meisten Intellektuellen, Denker und Philosophen zählen, viele Künstler und engagierte Akademiker und auch viele von jenen, die sich selbst als Revolutionäre bezeichnen. Mag sein, dass sie ein wenig aufgeweckter sind als die Ignoranten, aber die Aufgabe ist noch nicht vollendet. An diesem Punkt ist man keinesfalls ein Wissender, und es fehlt noch viel, um ein Weiser zu sein.

Was den Ignoranten und den Suchenden unterscheidet, ist die Entscheidung, sein Verhalten zu ändern.

Was den Suchenden und den Wissenden unterscheidet, ist das Bemühen, sich weiterzuentwickeln.

---

36 Essays, Erste Reihe, Diogenes 1983, Übers. Harald Kiczka.

Beides sind Räume, die jeder Einzelne für sich erobern muss.

Der dritte Wandel, der Wandel **vom Wissenden zum Weisen**, ist nur möglich, wenn eine tiefgreifende Transformation stattfindet. Eine Revolution.

Die kostbarsten Güter kann man weder erstreben noch ersehnen. Denn der Mensch vermag sie nicht aus eigener Kraft zu finden; begibt er sich auf die Suche nach ihnen, wird er statt ihrer nur Falsches antreffen, dessen Falschheit ihm womöglich verborgen bleibt.

Simone Weil

Es heißt oft, es gebe keine wahren Meister mehr. Ich bin jedoch überzeugt, dass sie mitten unter uns sind, wir sie jedoch nicht erkennen können oder wollen, weil wir noch nicht erwacht sind. Soll die Gesellschaft zulassen, dass der Meister ins Blickfeld tritt, muss man vor allem »gute Ohren haben« und bereit sein, denen zuzuhören, die mehr Lebenserfahrung haben.

Im Westen ist die Achtung vor der Vergangenheit durch die Angst vor der Zukunft ersetzt worden, und an die Stelle des Respekts vor den Alten sind der Jugendkult und der Produktivitätszwang getreten. Es geht darum, jung zu sein und Wissen, Geld und Macht zu haben. Je mehr, desto besser.

Der Umgang mit dem Wort fällt uns schwerer als die Tat. Lieber halten wir uns an Leute, die uns den Rücken stärken, die Lösungen präsentieren und uns sagen, was zu tun ist, als an solche, die uns zum Nachdenken nötigen und uns noch mehr Probleme bringen.

Jede Ideologie kann dir zweckmäßige Lösungen und Dutzende durchdachter Antworten bieten, die verhindern, dass du dich selbst auf die Suche machen musst. Was den Energieeinsatz angeht, klingt das sehr ökonomisch, es scheint entspannt zu sein und ist außerdem sehr bequem. Aber diese Ideologien machen dich *nicht* frei, und sie helfen dir auch *nicht,* weiser zu werden.

Jede von einem angeblich erleuchteten Messias geleitete Pseudoreligion bedient sich – genau wie alle Spielarten eines von charismatischen und demagogischen Führern gelenkten Fundamentalismus – der überbordenden Gefühle und der Angst der chronisch Ängstlichen, um das Leben ihrer Anhänger in ein Schlachtfeld zu verwandeln. Die Feinde sind immer die anderen: die Aufmüpfigen, die Ausgegrenzten, diejenigen, die sich der Sache widersetzen. Es sind immer die anderen, die für alles Schlechte und Schlimme verantwortlich sind.

Ähnliches geschieht, auch wenn man das nicht

unbedingt erwartet, im Bereich der Wissenschaft, wo viele kluge Köpfe, aber arm an Weisheit, sich missverstehen und einander nicht zuhören, obwohl sie so tun, als seien sie aufmerksam.

Nicht umsonst sagen alle Weisen, dass wahre Freiheit darin bestehe, von keiner Ideologie abhängig zu sein.

Trotz der offenkundigen Neigung des Menschen, die Augen vor der Erkenntnis zu verschließen, erhebt sich unter den Völkern immer wieder die Gestalt des Weisen aus dem kollektiven Bewusstsein oder dem Meer der Emotionen.

In jeder für eine Gemeinschaft schwierigen Situation, wenn der gesunde Menschenverstand oder das im alltäglichen Leben Erlernte nicht mehr ausreichen, oder die Zweifel länger andauern, als es gut wäre, haben die Menschen zu allen Zeiten und in allen Kulturen einen weisen Alten, Zauberer, Magier oder Mathematiker (je nachdem, mit welchem Namen die jeweilige Kultur denjenigen bezeichnet, der die Quelle des Wissens verkörpert) gesucht und um Rat gefragt, weil man ihn oder sie für eine besonnene Person hielt, die guten Rat wusste.

Die Wahrscheinlichkeit, dem Meister zu begegnen, wird umso größer, je mehr Menschen die Orientierung verlieren und je weiter und je länger sie in die Irre gehen.

Meister gibt es immer nur wenige, und man sieht sie besser, wenn es dunkel ist, denn im Dunklen ist ihre Strahlkraft besser zu erkennen.

Es gibt einen exakt umrissenen historischen Zeitraum, den der Philosoph Karl Jaspers als »Achsenzeit« bezeichnete, in dem sich das Denken der Menschheit entscheidend entwickelte. Sie umfasst die Zeit zwischen dem 8. und 2. Jahrhundert vor Christus, in der in der gesamten damals bekannten Welt die Weisheit mit ungeahnter Kraft in Erscheinung tritt, vielleicht infolge der dunklen Jahre, die ihr vorausgingen.

In Griechenland entsteht in dieser Periode die Philosophie. Hier haben wir es mit der Gedankenwelt der Vorsokratiker (Heraklit, Pythagoras, Anaxagoras), später dann mit Sokrates, Platon und Aristoteles zu tun.

In der hinduistischen Welt ist dies die Epoche der Upanishaden, Texte von großer Tiefe, die als Quelle für die beiden wichtigsten Denker Indiens angesehen werden: Buddha und Mahavira.

In Persien, dem heutigen Iran, lebte zur damaligen Zeit Zarathustra, und im Heiligen Land wirkten die biblischen Propheten, auch sie wahre Meister der Lebensweisheit.

In China entstehen um das 6. Jahrhundert vor Christus der Taoismus und der Konfuzionismus.

Der Taoismus ist vor allem eine Lebensform, aber er stellt, zumindest für mich, eine der tiefgründigsten, reinsten und klügsten Weisheitslehren dar. Seine wichtigsten Vertreter sind Lao-Tse, Autor des wunderbaren und rätselhaften *Tao Te King*, und sein Schüler Chuang-Tzu, neben vielem anderen Erzähler einer der schönsten Allegorien, die jemals geschrieben wurden.

Einst träumte Chuang-Tzu, dass er ein Schmetterling sei, ein flatternder Schmetterling, der sich wohl und glücklich fühlte und nichts wusste von Chuang-Tzu. Plötzlich wachte er auf: Da war er wieder wirklich und wahrhaftig Chuang-Tzu. Nun weiß ich nicht, ob Chuang-Tzu geträumt hat, dass er ein Schmetterling sei, oder ob der Schmetterling geträumt hat, dass er Chuang-Tzu sei, obwohl doch zwischen Chuang-Tzu und dem Schmetterling sicher ein Unterschied ist. So ist es mit der Wandlung der Dinge.

Jedes Wachstum ist schmerzlich, jedes Erwachen mit Risiken behaftet. Alles Bewusstsein entsteht aus dem Zweifel.

Stellen wir uns vor, wie es für jene Denker damals gewesen sein muss, als Erste zu erwachen – eine Zyklopenaufgabe.

Weise zu sein bedeutet beständige Bewusstheit. Es bedeutet, alles mit großer Klarheit zu sehen, den

Selbstbetrug und die Lügen anderer abzulehnen. Wenn du ein Weiser bist, kannst du nicht vor dich hindämmern, und du kannst nicht zulassen, dass die anderen ihr Leben hypnotisiert und wie Schlafwandler verbringen, und das bringt weitere Risiken mit sich. Denn bei jedem Erwachen scheint sich die gesamte Welt zu verweigern; die Welt wird zum Gegner. Warum? Weil die ganze Welt sich im Dämmerschlaf befindet.

Den meisten von uns ist das alte arabische Sprichwort bekannt, dass man einen Sklaven nicht wecken solle, weil er vielleicht davon träumt, frei zu sein.

Der Weise hingegen wird sagen: »Weckt den Sklaven auf! Ganz besonders dann, wenn er von der Freiheit träumt. Weckt ihn auf und führt ihm vor Augen, dass er ein Sklave ist; nur durch dieses Bewusstsein wird er sich von seinen Fesseln befreien können.«

Wenn ein dummer, korrupter oder unmoralischer Mensch danach strebt, Präsident, Premierminister oder Regierungschef eines Landes zu werden, warnen aufmerksame Beobachter: »Er ist eine Gefahr für das Land. Wenn er an die Macht kommt, wird er sich unrechtmäßig bereichern und ein Verhalten zeigen, das einem Regierenden unangemessen ist.« Diese Beobachter scheinen nicht zu erkennen, dass die Menschen wissen, dass er so ist, und ihn eben deshalb wählen, weil er des Amtes nicht würdig ist.

Ich hörte einmal, wie der Arzt und Schriftsteller Marcos Aguinis zu meinem Freund sagte:

»Die Völker haben nicht die Regierenden, die sie verdienen, wohl aber solche, die ihnen ähnlich sind.«

Tatsächlich mögen die Menschen solche Menschen, die ihnen ähnlich sind, die sind wie sie, die handeln und leben, wie sie es selbst gerne täten, selbst wenn sie moralisch verwerflich sind. Diese Menschen sind ihnen nicht fremd. Ein Weiser wäre ihnen fremd. Und sie würden ihn niemals zu ihrem Anführer wählen.

Die ganze Welt schläft, und viele Leute genießen ihre Träume, die spannender und bunter sind als die Realität.

Und nun stell dir vor, dass da ein Mann auftaucht und laut von den Dächern schreit: »Wacht auf!«

Die meisten Schlafenden werden erschreckt zusammenzucken. Viele wollen gar nicht aufwachen, weil sie wissen, dass sie sich dann der Wahrheit stellen müssten.

Unter Blinden leben und sehende Augen haben, ist eine gefährliche Situation.

Die große Mehrheit weiß nicht, dass in dieser

Wahrheit auch Freude stecken kann. Also werden sie den Rufer schließlich hassen und ihn zu einem Paria, einem Außenseiter machen, der für sie zum Symbol einer unerträglichen Anmaßung wird.

Es ist leichter, den Spiegel zu zerschlagen und das Hässliche zu verdrängen, als zu akzeptieren, dass man selbst das Ebenbild in diesem Spiegel ist.

Natürlich ist es schwer zu ertragen, immer wieder aus seinen angenehmen Träumen gerissen zu werden.

Sokrates wurde untragbar für Athen.
Jesus wurde untragbar für Rom.
Gandhi wurde untragbar für Großbritannien.
Und Rajneesh wurde untragbar für die USA.

Ihre Anwesenheit wurde als Anmaßung verstanden. Sie zu sehen, ihnen zuzuhören, ihnen zu begegnen, hieß, die Hässlichkeit im Spiegel zu sehen, diese Hässlichkeit, die zu sehen wir uns weigern, weil sie die Wahrheit ist.

Folgende Geschichte vom »Geschäft der Wahrheit« habe ich einmal von Anthony de Mello gehört:

Ein Mann schlenderte durch die Gässchen einer Provinzstadt. Da er Zeit hatte, verweilte er ein Weilchen vor jedem Schaufenster, vor jedem Laden, auf jedem Platz. Als er um eine Ecke bog, stand er plötzlich vor einem bescheidenen Laden, auf dessen Markise nichts stand. Neugierig geworden, trat er näher und presste das Gesicht an die Scheibe, um in das dunkle Schaufenster zu spähen … Aber er konnte nur ein Pult erkennen, auf dem ein handgeschriebenes Schild stand.

Der Text war sonderbar:

Geschäft der Wahrheit

Der verdutzte Mann dachte, es handele sich um einen Phantasienamen, aber er konnte sich nicht vorstellen, was dort verkauft wurde. Also trat er ein und fragte die junge Frau, die hinter dem Pult stand:

»Verzeihung, ist das hier das Geschäft der Wahrheit?«

»Ja, welche Art von Wahrheit suchen Sie: Teilwahrheit, relative Wahrheit, statistische Wahrheit, die ganze Wahrheit …?«

Tatsächlich, hier wurde Wahrheit verkauft. Er hätte sich niemals vorstellen können, dass so etwas möglich wäre: an einen Ort zu kommen, wo man die Wahrheit bekam. Es war wunderbar.

»Die ganze Wahrheit«, sagte er ohne zu zögern.

Ich bin die ganzen Lügen und Betrügereien leid, dachte er. Ich will keine Verallgemeinerungen und keine Rechtfertigungen mehr, diesen ganzen Lug und Trug.

»Die volle Wahrheit«, bekräftigte er.

»Mit Verlaub, aber kennen Sie auch den Preis?«

»Nein, wie hoch ist er?«, antwortete er leichthin, obwohl er wusste, dass er bereit war, jeden Preis zu zahlen, um die ganze Wahrheit zu erfahren.

»Nun, wenn Sie sie mitnehmen«, sagte die Verkäuferin, »können Sie möglicherweise für eine lange Zeit nicht mehr ruhig schlafen.«

Dem Mann lief es kalt den Rücken hinunter. Er dachte eine Weile nach. Er hätte nicht gedacht, dass der Preis so hoch war.

»Danke … Und entschuldigen Sie …«, stotterte er schließlich, bevor er gesenkten Hauptes den Laden verließ.

Es machte ihn ein bisschen traurig festzustellen, dass er noch nicht für die ganze Wahrheit bereit war, dass er noch einige Lügen brauchte, die ihn in Sicherheit wiegten, einige Mythen und Idealisierungen, in die er sich flüchten konnte, einige Rechtfertigungen, um sich nicht mit sich selbst auseinandersetzen zu müssen.

»Vielleicht später …«, dachte er.

Die duale Konzeption der Welt

Unser Verstand ist darauf trainiert, die Dinge nur zu verstehen, indem er sie mit ihrem Gegenteil konfrontiert. Wir begreifen das Ich, indem wir ihm alles entgegenstellen, was Nicht-Ich ist; die Abwesenheit, indem wir sie der Anwesenheit gegenüberstellen; die Freude, indem wir sie in Bezug zum Leid setzen, das Gute in Bezug zum Bösen, das Vorher zum Nachher usw. Die Bejahung eines der Begriffe in einem Gegensatzpaar bedeutet notwendigerweise die Verneinung seines Gegenteils. Unser Leben besteht aus einer Welt sich gegenseitig ausschließender Gegensätze.

Die im Westen vorherrschende philosophische Schule, die aristotelische nämlich, geht von einer Form der Wahrnehmung und Annäherung an die Wirklichkeit aus, die man als »Prinzip der Nicht-Widersprüchlichkeit« zusammenfassen könnte. Dieses ist für Aristoteles das grundlegende aller Prinzipien:

Denn es ist unmöglich, dass ein und dasselbe Wesensmerkmal ein und demselben Seienden in ein und demselben Sinne zugleich gegeben und nicht gegeben ist. Denn es ist unmöglich, dass ein und dasselbe bei ein und demselben zugleich ist und nicht ist.

Unsere westliche Mentalität sieht hierin den Leitfaden ihres Denkens: gewisse Aspekte der Realität zu bejahen, indem man gleichzeitig andere ausschließt.

Heraklit ist der vielleicht klarste, verständlichste und brillanteste der westlichen Philosophen der Antike. Dennoch ist er als »der Dunkle« bekannt. Er würde einräumen, dass unsere rationale Vernunft tatsächlich nicht zu denken imstande ist, dass etwas zugleich ist und nicht ist; aber dies ist auf die Beschränkung unseres Geistes zurückzuführen und nicht auf die Beschränktheit des Seienden.

Wir nehmen die Gegensätze wahr, nicht aber die Einheit, die sie bilden, wie wir dies bereits bei den inneren Konflikten des Suchenden feststellten.

Wir wollen Freude ohne Schmerz, Aufstiege ohne Abstiege, Leben ohne Tod, Gewissheit ohne Zweifel, Erfolg ohne Scheitern, Wörter ohne Schweigen und eine Ökonomie unbeschränkten Wachstums ohne Krisen.

Wir teilen die Welt in zwei Hälften und wollen nur die eine Hälfte davon. Als ob es möglich wäre, ein schwingendes Pendel an einem Ende anzuhalten.

Aristoteles hilft uns, Heraklit macht es kompliziert.

Aristoteles ist ein Wissender, ein Meister. Heraklit ist ein Weiser.

Ein Meister ist ein Wissender, der, weil sein Herz es ihm befiehlt oder sein Verstand ihn dazu drängt, entschlossen ist, sein Wissen zu teilen, indem er es an jene weitergibt, die weniger wissen, jene, die nicht wissen, was sie nicht wissen, und auch jene, die zu wissen glauben, was sie in Wirklichkeit nicht wissen.

Auch ein Weiser kann ein Meister sein, sogar dann, wenn ihm im Grunde nichts mehr daran liegt.

Ein Weiser wird nur selten ein Lehrer sein oder Schüler im eigentlichen Wortsinne haben. Mag sein, dass er Anhänger hat, niemals aber Schüler.

Aristoteles ist ein Paradebeispiel logischen Denkens. Dasselbe ließe sich auch von Descartes oder Hegel sagen. Sie alle haben wunderbare theoretische Landkarten des Denkens erstellt. Heraklit hingegen stützt seine Vorstellungen nicht auf komplexe theoretische Gebilde, genauso wenig wie Lao-Tse oder Osho. Sie laden zum inneren Wandel ein, dazu, sich nicht auf Karten zu verlassen und eine neue Sichtweise zu schaffen.

Die Weisheit verwirrt uns, wenn sie uns dazu bringen will, die verborgene Einheit der Gegensätze wahrzunehmen. Das verstößt gegen unser logisches Denken, so beschränkt dieses auch sein mag.

Mit anderen Worten: Wer würde sich bewusst für

eine negative Polarität entscheiden? Wie sollte man nicht das Gute statt des Bösen wählen oder den Überfluss statt des Mangels?

Ich erzählte dir vorhin, dass dem jungen Prinzen Siddharta (der nach seiner Erleuchtung Buddha heißen würde) Leid, Entbehrung, körperliche Einschränkungen, Verfall und Tod in ihrer wahren Dimension verborgen blieben. Er, der, hochgeachtet und bewundert, von allerlei Luxus umgeben war, musste zunächst seinen Palast verlassen, um dem zu begegnen, was die Illusion vollständigen Glücks, in der er bislang gelebt hatte, zerbrach.

Das Bild der Hinfälligkeit in Gestalt eines Greises, des körperlichen Verfalls in Gestalt eines Kranken und des seelischen Leids angesichts eines Leichenzugs, der unter Weinen und Klagen einen Toten zum Scheiterhaufen trägt, das sind die Visionen, die Siddharta die Flüchtigkeit und Begrenztheit alles Seienden offenbarten.

Aber was hat das mit uns zu tun, die wir weder in Pracht schwelgende Prinzen wie Siddharta sind, noch einen Palast besitzen? Was könnten wir schon zurücklassen, selbst wenn wir die Welt auf diese neue Weise sehen wollten?

Begleite mich bei diesem Gedankenspiel.

Stell dir vor, dein Leben verläuft so, wie du es dir immer gewünscht hast: eine Existenz ohne Leid, ohne Rückschläge, ohne Enttäuschungen …

Stell es dir vor, und du wirst sofort in deinem Gedankenpalast gefangen sein, blind für die duale Welt, in der Licht und Schatten untrennbar sind.

Im alltäglichen Leben hält uns die Phantasie vom vollkommenen Glück, verstanden als eine Zeit ausschließlich positiver Ereignisse, in einem trügerischen Realitätsverständnis gefangen. Um nur einmal das größte reale Übel als Beispiel zu nehmen: Wir sollten daran denken, dass wir in unserem bequemen Wohlstand für den Reichtum der Industrienationen einen Preis zahlen: den der Armut von drei Vierteln der Weltbevölkerung und der ökologischen Zerstörung unseres Planeten.

Das soll nicht heißen, dass Wohlstand, Überfluss und Schönheit nicht länger erstrebenswert sein dürften. Ich will damit auch nicht sagen (nichts läge mir ferner!), dass du vor lauter Schuldgefühlen nicht mehr die Privilegien genießen sollst, die du besitzt. Was ich meine, ist, dass wahre Schönheit, wahrer Wohlstand und wahrer Überfluss keine Gegensätze, sondern das Ergebnis deiner Anerkennung sind, der Ort, an dem eine Versöhnung der Gegensätze stattfindet.

Paradoxerweise kann Glück nur von Dauer sein, indem man sich bewusst ist, dass nichts, was ist, von Dauer ist.

Vollkommenes Glück schließt leidvolle Erfahrungen nicht aus, sondern wird erreicht, indem man sie als untrennbaren Bestandteil des Lebens annimmt.

Und da dieses Glück weder planbar, noch dadurch zu verwirklichen ist, dass man einmal gesteckte Ziele erreicht, ist es nicht an die Erfüllung bestimmter Bedingungen gebunden.

Auch unsere persönliche Entwicklung kann es sich nicht erlauben, Aspekte, die uns nicht gefallen oder die unsere Beziehung zu den anderen erschweren, zu negieren, zu ignorieren oder auszublenden.

Nur indem wir eine Situation akzeptieren, sind wir imstande, uns über sie zu erheben. Nichtwahrhabenwollen ist *kein* Ausweg aus allem, was uns zu schaffen macht.

In der Tiefenpsychologie nach C. G. Jung wird die Gesamtheit der dunklen Anteile, die wir nicht als zu uns gehörig anerkennen wollen, »Schatten« genannt.[37]

---

37 Eingeführt wurde der Begriff durch den Psychiater und Denker C. G. Jung, der im hermetischen taoistischen Denken eine der Hauptquellen seiner Inspiration fand.

Als wir Kinder waren, sagten uns die Erwachsenen, wie wir sind und wie wir sein sollten. Sie sagten uns, was an uns gut und was schlecht ist, und machten uns klar, dass ihre Liebe zu großen Teilen davon abhängt, dass das Erste das Zweite überwiegt. So begannen wir jene Wesenszüge an uns zu negieren, die, wenn wir akzeptiert, umsorgt und geliebt sein wollten, unvereinbar waren mit dem, wie wir sein *sollten*.

So begann unsere Neurose.

So entstand »der Schatten«.

Also tun wir alles, was wir negieren und damit nicht unmittelbar zum Ausdruck bringen, unbewusst oder projizieren es, das heißt, wir nehmen es als außerhalb unserer selbst wahr.

Unsere Pathologie, unser Nichtwahrhabenwollen oder unsere Neurose rühren nicht daher, dass wir dunkle Anteile haben, »den Schatten«. Sie rühren daher, dass wir versuchen, das aufzuspalten, was ursprünglich eins war; dass wir nicht akzeptieren, *dass wir sind, was wir sind*, mit all unseren dunklen Anteilen.

Und dann erscheint da ein Weiser, ein Meister, ein Erleuchteter, der in Frage stellt, dass ich zu wissen glaube, wer ich bin. Der mich dazu bringt, mir einzugestehen, dass ich in Wirklichkeit vor mich hindämmere, und der mich mit dem Satz von Chuang-Tzu beschämt:

Nur die Dummen halten sich für besonders schlau.

Er erklärt mir, dass es *mein* Leben ist und dass ich für mich selbst verantwortlich bin.

Er bestärkt mich darin, nicht zuerst dem Staat, der Kirche oder den Leuten gegenüber verantwortlich zu sein, sondern zunächst und vor allem mir selbst. Er ermuntert mich, mein Leben im Einklang mit meinem eigenen Licht zu leben – wohin auch immer ich gehe, mit wem auch immer ich zusammen bin und ohne Zugeständnisse zu machen.

Ein Weiser kann sehr, sehr unbequem sein.

Der weise Einsiedler

In der griechischen Antike gibt es eine Tradition, den Weisen als einen Reisenden zu sehen.

Nicht immer ist der Weise ein Einsiedler. Oft lebt er mitten unter den Menschen, er singt, tanzt, weint, lacht, liebt und meditiert, auch wenn er sich hin und wieder in seine Höhle in den Bergen zurückzieht. Er pflegt Umgang mit allen, aber er kehrt immer wieder in die einsame Gesellschaft mit sich selbst zurück.

Der Weise muss unterwegs sein, so wie Sokrates in den Straßen oder Zarathustra in den Wäldern, um die Dinge zu betrachten und zu ergründen. Durch das Reisen begegnet er dem anderen, und indem er Abstand nimmt, kann er die Besonderheit und Einzigartigkeit des Eigenen erkennen. Die Distanz relativiert das Vertraute, und man stellt fest, dass das Eigene weder »natürlich« noch absolut, noch die Norm ist.

Gegen den Dogmatismus gibt es kein besseres Mittel, als die Welt zu entdecken und an ihr teilzuhaben.

Der Weise, der uns als das Idealbild eines Menschen interessiert, ist einer, der mit den Menschen interagiert, keiner, der weit weg vom alltäglichen Leben hoch oben in den Bergen haust. Da diesen Weisen vor allem eines mit seiner Umgebung verbindet, nämlich die Liebe, gibt ihm das Reisen die Möglichkeit, sein Wissen weiterzugeben und andere zu befreien.

Phasen des Rückzugs sind allerdings notwendig, aus mindestens vier Gründen.

Der erste Grund: um sich im inneren Zustand der Nicht-Konfrontation zu üben.

Hierzu gibt es eine einleuchtende Geschichte:

Zwei Freunde treffen sich. Der eine sagt zum anderen:
»Schön, dass ich dich treffe! Du siehst blendend aus. Was für eine Freude!«
»Ja, es geht mir wirklich gut«, antwortet der andere.
»Aber du siehst mindestens zehn Jahre jünger aus!«, ruft der Erste aus. »Sag, was ist dein Geheimnis?«
»Es gibt kein Geheimnis«, antwortet der Freund. »Es ist so, dass ich vor einigen Jahren eine Entscheidung getroffen habe, die mein Leben verändert hat …«
»Was du nicht sagst! Und was war das für eine Entscheidung, wenn man fragen darf?«
»Ich diskutiere NIE. Unter keinen Umständen.«
»Du diskutierst nie?«
»Nein, niemals.«
»Niemals?«
»Niemals.«
»Wirklich nie?«
»Nein, nie!«
»Das geht doch gar nicht …«, sagt der andere und wird ein wenig lauter.
»Ja, du hast recht. Das geht nicht.«

Der zweite Grund: um nicht den Hochmut zu nähren, ein Wissender unter Unwissenden zu sein.

Als ein Reisender über einen Fluss in China übersetzte, erkannte er auf einmal, dass der Fährmann niemand anders als Lao-Tse war.

»Was machst du hier?«, fragte er ihn verblüfft. »Deine Schüler suchen in ganz China nach dir, um deine weisen Worte zu hören …«

»Meine Worte, ob weise oder nicht, gehen dorthin, wohin ich gehe«, antwortete Lao-Tse. »Für meine Schüler haben meine Worte größeres Gewicht, weil sie von mir stammen, als wegen des Gesagten selbst. Hier hingegen hören mir die Menschen zu, die auf Reisen sind … Und wenn ich etwas sage, das jemandem weiterhilft, merkt er es sich und zieht seinen Nutzen daraus. Außerdem kann der Mann sagen, wenn man ihn fragt: ›Das hat mir einmal ein Fährmann gesagt.‹«

Der dritte Grund: um der Möglichkeit zu entgehen, sich umstimmen zu lassen.

Denn wie ich bereits zuvor sagte, wird der Außenseiter von denen angegriffen, die das Schauspiel der fremden Freiheit nicht ertragen. Aus dieser Position heraus versuchen viele, indem sie Gefühle manipulieren und eine Opferhaltung simulieren, ohne es zuzugeben oder vielleicht sogar unbewusst, den Weisen ins Korsett des gesellschaftlich Anerkannten zu stecken.

Dazu die folgende Geschichte:

Ein Mann kam in ein Dorf. Er stellte einen Hocker auf den Dorfplatz, stieg darauf und begann, ein Megaphon in der Hand, eine flammende Rede an die Menschen zu halten, die vorüberkamen. In seiner Ansprache forderte er sie auf, die Liebe zu genießen, das Gespräch zu suchen, einander zuzuhören. Als der Redner schließlich von dem improvisierten Podest hinabstieg, applaudierten ihm an die zweihundert Menschen.

Am nächsten Morgen erschien der Mann erneut auf dem Dorfplatz und sprach von seinem Schemel herunter zu den Passanten. Auch diesmal hörten ihm über hundert Menschen zu, wie er über das Miteinander-Reden und die Liebe sprach.

Tag für Tag tauchte der Mann auf dem Platz auf und sprach zu den Menschen, und seine Ansprache wurde immer leidenschaftlicher, immer deutlicher und immer mitreißender. Aber aus irgendeinem Grund blieben immer weniger Leute stehen, um ihm zuzuhören. Bis er schließlich am vierzehnten Tag keinen einzigen Zuhörer mehr hatte. Trotzdem hielt er wie gewohnt seine Rede, ganz so, als ob Tausende von Menschen seinen Worten lauschten.

Und so ging es weiter. Jeden Tag kam der Mann zum Dorfplatz, stieg auf den Schemel und sprach, nun ohne Megaphon, über die Bedeutung der Liebe und wie wichtig es sei, einander zuzuhören. Der Platz jedoch blieb leer.

Eines Morgens kam einer der örtlichen Ladenbesitzer zu ihm und sagte freundlich:

»Entschuldigen Sie, guter Mann. Sie kommen nun seit einem Monat auf diesen Platz. Am Anfang haben Ihnen viele Leute zugehört. Dann sind immer weniger gekommen, und seit zwei Wochen hört ihnen niemand mehr zu. Warum reden Sie weiter? Anfangs konnte ich es verstehen, aber jetzt … Jetzt verstehe ich Sie ehrlich gesagt nicht mehr.«

»Anfangs habe ich gesprochen, um andere zu überzeugen«, sagte der Redner mit Nachdruck. »Heute hingegen rede ich, um sicher zu sein, dass sie mich *nicht überzeugt haben.«*

Der vierte und letzte Grund: um sich vor der Rache derer zu schützen, die vergeblich versucht haben, den Weisen zum Scheitern zu bringen, oder die aufgebracht sind über seine Widerspenstigkeit.

In einem Versuchslabor fällt der Blick eines Besuchers auf zwei große Bassins voller Krebse. Er sieht, dass das eine mit einer Glasplatte abgedeckt ist, während das andere offen ist.

In diesem Moment kommt der Forscher vorbei. Der Besucher hält ihn an.

»Entschuldigen Sie die Störung …«

»Ja, Sie wünschen?«

»Können Sie mir sagen, warum das rechte Bassin zugedeckt ist?«

Der Forscher antwortet:

»Nun, ganz einfach: Sonst würden die Krebse weglaufen.«

Verdutzt stellt der Besucher die nächste Frage:

»Und warum laufen die Krebse aus dem anderen Becken nicht davon?«

Geduldig erklärt ihm der Forscher:

»Bei den Krebsen im rechten Becken handelt es sich um eine hochentwickelte Spezies. Sie finden früher oder später heraus, dass sie, wenn sie aufeinandersteigen, eine Art Leiter bilden und der Gefangenschaft entkommen können, und das tun sie dann auch.«

»Und die aus dem anderen Becken kommen nicht auf diese Idee?«, fragt der Laie naiv.

»Doch«, erklärt der Forscher. »Aber diese Krebse sind nicht sehr hochentwickelt. Wenn die Leiter steht und der erste Krebs nach oben klettert, stößt ihn einer seiner Artgenossen wieder nach unten, sobald er den Beckenrand erreicht, damit er nicht entkommen kann.«

Alles in allem verdeutlichen diese vier Gründe, weshalb Isolation in gewissen Phasen unserer Entwicklung heilsam und empfehlenswert sein kann. Das gilt natürlich nur, wenn es sich nicht um eine Flucht handelt.

Doch je mehr innere Sicherheit man gewinnt, desto überflüssiger wird die Isolation. Doch zunächst erfordert die Hinwendung zu unserer Wahrheit eine gewisse Dosis an Einsamkeit, so wie kleine, empfindliche Pflänzchen besonderer Pflege bedürfen.

Dieser Ablauf wiederholt sich im Laufe der Geschichte auf die immer gleiche Weise: Die Weisen ziehen sich zurück und kehren dann wieder, um ihre Lehren weiterzugeben, ihre Erkenntnisse zu teilen und andere aus dem Schlaf zu erwecken.

Nietzsches Wahl fiel auf Zarathustra, weil dieser der Begründer einer lebensbejahenden Religion, des Zoroastrismus, war. Er wird von einer Schlange begleitet, die im Orient die Weisheit repräsentiert, und von einem Adler, dem Symbol der Freiheit.

Der Weise genießt das Leben, aber er weiß auch und nimmt es auf sich, dass es sein Auftrag ist, den Geist der Unwissenden zu erleuchten, selbst wenn er empfindlich dafür bestraft werden kann. Doch stets kehrt der Weise aus der Einsamkeit ins alltägliche Leben zurück; es ist ihm ein Bedürfnis zurückzukehren, um Verbindung zu anderen Seelen herzustellen. Deshalb kämpft und handelt er in der Welt, er schreibt und spricht zu anderen, um sich selbst zu erklären, vor allem aber, um sich selbst treu zu bleiben. Sein inneres Feuer drohte zu erlöschen, ginge es nicht auf andere über und entflammte so weitere Herzen.

Wie ein wahrer Weiser ist

Willst du wissend sein, so füge jeden Tag ein wenig hinzu.
Willst du weise sein, so lasse jeden Tag ein wenig weg.
Lao-Tse

Der Weise strebt danach, leer zu werden, allem zu entsagen. Der heutige Mensch hingegen möchte seinen Kopf mit Dingen füllen. Er ist mit Informationen überfrachtet.

Unser westliches Paradigma lautet »Wissen ist Macht«. Dieses zwanghafte Wissen und die Bürde nutzloser Erinnerungen, die wir mit uns herumschleppen, sollten das Erste sein, dem man entsagt. Doch wir vermeiden es, leer zu sein, wir haben Angst vor dem Zustand der Ruhe und Stille. Stattdessen bemühen wir uns, das Schweigen mit Worten zu füllen und die Ruhe mit Bewegung, weil wir die Vorstellung des Nichts nicht ertragen.

Übung

Verschaffe dir wenigstens eine Stunde am Tag, in der du einfach nur dasitzt und nichts tust. Völlig untätig bist und nur beobachtest, was in deinem Inneren geschieht. Anfangs wird dich dieser Blick auf das, was du in dir trägst, sehr traurig machen; du wirst nur Dunkelheit spüren, sonst nichts … Es werden unangenehme Dinge und jede Menge schwarze Löcher zum Vorschein kommen. Du wirst Angst empfinden statt völliger Verzückung. Aber wenn du durchhältst und nicht aufgibst, wird der Tag kommen, an dem all diese Ängste verschwinden, und unter der Angst wird die Verzückung zum Vorschein kommen.

Weisheit ist Wandel.
Es ist mehr ein Weglassen als ein Hinzugewinnen.
Es ist mehr eine Befreiung als Transzendenz.

Philosophisch gesprochen ist Weisheit die Erkenntnis der Einheit, die jeder Dualität innewohnt. Doch in dem Maße, wie der andere verschwindet, bin ich mehr und mehr eins mit ihm, und deshalb genügt es, dass ein einziger Mensch nicht frei ist, damit niemand es vollständig ist. Das ist der Grund dafür, dass sich die Weisen nach ihrer Erweckung der Aufgabe stellen, die Welt zu verändern, indem sie anderen dabei helfen zu erwachen.

Meister Eckhart beschrieb bildhaft, auf welche Art dies geschieht:

Ein Beispiel sehen wir, wenn ein Bild aus dem Holz oder dem Stein herausgeholt wird, wobei nichts verändert, vielmehr nur gereinigt, herausgehauen und herausgeholt wird. Ist dies alles durch die Hand des Künstlers herausgeholt, erscheint und erstrahlt das Bild.[38]

Der **Weise** nimmt die Welt als etwas Eigenes wahr, er fügt sich als lebendiger Teil in den natürlichen Fluss ein. Er genießt jeden Augenblick die Neuheit von allem, was ihn umgibt. Er sieht, aber mit neuen Augen, die aus einem langen Schlaf erwacht sind.

Im Unterschied zum Suchenden und dem wissenden Meister spricht der Weise nicht. Er schweigt stille, umgeben von einer Menge, doch in der Einheit lebend und sich darum frei unter sie mischend. Er steht außerhalb und doch innerhalb der Gesellschaft. Er hat keine Erinnerung, er *ist* einfach, grenzt nicht durch Wissen aus …

---

38 Auch Vergil schreibt in seiner *Aeneis*: »Excudent alii spirantia mollius aera, vivos ducent de marmore vultus«, was übersetzt soviel heißt wie »Herausbilden werden andere geschmeidiger atmende Bronzen, werden lebendige Mienen abgewinnen dem Marmor …«

Der Weise enthüllt die Wahrheit.

Der Intellektuelle, dem es an Weisheit fehlt, deckt sie wieder zu, hüllt sie in Worte, so dass nur jene sie verstehen, die sein Spiel spielen.

Der Weise sagt die tiefsten Dinge auf die einfachste Weise.

Der eingebildete Intellektuelle sagt das Einfachste auf komplizierteste Weise.

Der Weise sieht in der Vernunft ein Mittel zum Zweck, um sich auszudrücken und zu artikulieren, was er sieht.

Der Intellektuelle ohne Weisheit hält sich an dem fest, was er behauptet zu wissen; er setzt sein ganzes Vertrauen in die Vernunft und interpretiert das, was er sieht, um so zu rechtfertigen, was er glaubt.

Ein junger Mann sagt zum anderen: »Ich habe einen sehr gläubigen Freund, der jede Nacht mit Gott spricht. Er erzählte mir, das Ende der Welt sei nahe.«

Als sein Gegenüber an der Wahrhaftigkeit dieser Behauptung zweifelt, setzt er hinzu: »Wie könnte ein Mann lügen, der mit Gott spricht?«

Der Weise ist wie ein spielendes Kind.

Er spielt von morgens, wenn er die Augen aufschlägt, bis zum Abend, wenn es dunkel wird.

Der Weise spielt immerzu. Er läuft seinen Freunden nach und versteckt sich vor ihnen, und nachdem man sich einmal aus den Augen verloren hat, wird die Freundschaft bei einer erneuten Begegnung noch enger.

Wenn er einen Weg zurücklegen muss, sind seine Gedanken nicht auf den Moment der Ankunft gerichtet, sondern er macht aus dem Weg ein großes Abenteuer: die Pflastersteine, die Schuhe der Passanten, die Schattenspiele der Blätter auf dem Bürgersteig …

Und wenn andere ihn auffordern, das Spielen sein zu lassen und sich ernsthafteren Dingen zuzuwenden, spielt er einfach weiter: mit dem Stift in der Hand, vor dem Computer, während der Rest der Welt an seinen Lippen hängt, oft ohne dass er wüsste, was er sagen soll …

Völlig ins Spiel vertieft, stellt er komplizierte Überlegungen an, errät die Absichten seiner Gegner und deckt die ganze Wahrheit auf, dabei vergessend, dass er spielt. Und es kann vorkommen, dass er dem einen oder anderen gefährlich oder verwirrt erscheint.

Wie bei jedem Spiel, sind Zeit und Raum für den Weisen wie ein Rad, das sich immer im Kreis dreht.

Der Weise lebt immer in der Gegenwart, das Jetzt

ist seine einzige Zeit. Er geht nie irgendwohin, weder vorwärts noch zurück.

Ein Weiser befindet sich stets in seiner eigenen Mitte.

Der Weise lacht, begeistert sich, ist gelangweilt; vielleicht wird er wütend und beginnt einen Streit … Doch all das ist ein Spaß, ist gut so, weil es ein Spiel ist. Jeder Augenblick ist neu und jede Bewegung eine Überraschung, ein Anfang und etwas, über das er im nächsten Moment lachen kann.

Wenn ein Weiser lacht, kommt sein Lachen tief aus dem Bauch heraus; Körper, Psyche und Geist schwingen in Harmonie.

Das Lachen entspannt ihn, und die Entspannung hebt ihn in den Himmel und bringt ihn wieder zur Erde zurück.

Wenn du das magische Lachen eines Weisen hörst, verschwinden deine dummen Gedanken, besser als die anderen sein zu wollen.

Für viele ist die Welt Gottes Spiel.

Für viele ist die Geschichte ein kosmischer Witz.

In vielen metaphysischen und spirituellen Traditionen heißt es, die höchste Betätigung, die dem Sein und dem Absoluten zukommt, sei das Spiel.

Wenn ihr nicht umkehrt und werdet wie die Kinder, so werdet ihr nicht ins Himmelreich kommen.

Jesus[39]

Die Darstellung, die uns den Weisen als spielendes Kind zeigt, lässt uns an eine ersehnte Verbindung aus Unschuld und völliger Loslösung von allem Vergangenen denken.

Lehnen wir uns gegen die Vergangenheit auf, sind wir nicht wirklich frei von ihr. Denn dann tragen wir immer noch an unserem Groll, unserem Leid, unseren Verletzungen.

Während der Jahre in Ignorantia konnten wir uns nur an dem erfreuen, was uns vertraut war, weil wir uns nur in der Berührung damit sicher fühlten.

Als **Unwissende**, als **Ignoranten** waren wir auf die Vergangenheit fixiert und auf alles, was wir in der Vergangenheit erreicht hatten.

Dann lernten wir, nein zu sagen, und wir lernten zu lernen.

Als **Suchende** sind wir auf dem Weg, uns von unserer Vergangenheit als Unwissende zu befreien, aber wir haben immer noch Angst vor ihr. Sie ist noch zu nah, und wir fürchten, sie könne zurückkehren.

39 Matthäus. 18,3

So ist es beispielsweise schwer, standhaft zu bleiben in dem Wissen, dass wir nicht verpflichtet sind, uns mit Menschen abzugeben, die uns nicht respektieren und akzeptieren und die uns auf dem Weg zu uns selbst nicht unterstützen, vor allem, wenn es sich um unsere Liebsten handelt. Denn wir neigen dazu, uns allen verpflichtet zu fühlen, denen wir in der Vergangenheit eng verbunden waren.

Der **Wissende** weiß, dass er keinen Verpflichtungen und Zwängen mehr unterliegt, aber dass er überrascht darüber und stolz darauf ist, hemmt ihn in seinem Handeln.

Der **Unwissende** sagt ja, weil er nicht nein sagen kann, und nach seinem derzeitigen Entwicklungsstand ist es logisch, dass er ja sagt.

Der **Suchende** sagt nein, um seine Unabhängigkeit zu betonen und sich vom drückenden Joch der Pflicht zu befreien, und es ist logisch, dass er sich durch sein Nein vom Unwissenden abgrenzt.

Der **Wissende** sagt ja oder nein, je nachdem, was seine Erkenntnis ihm sagt, und ändert seine Meinung, wenn die Umstände oder seine unverstellte Wahrnehmung sich ändern.

Der **Weise** sagt ja … weil er ja sagt. Es geht ihm nicht darum, etwas zu erreichen oder zu beweisen. Sein Ja schließt das Nein nicht aus und könnte sich in Koexistenz mit seinem Ja in ein Nein wandeln.

Semantische Entwicklung	Phase	Wie ich mich sehe	Selbstreferenz	Entspricht
Das logische Ja	der Zugehörigkeit	Ich bin ein Teil von allen	Ich bin nichts ohne euch	dem IGNORANTEN
Das logische Nein	der Identität	Ich bin anders als alle	Ich bin	dem SUCHENDEN
Ja und Nein / Der Widerspruch	der Essenz	Ich bin in mir und ich bin ich unter den anderen	Wir sind	dem MEISTER oder WISSENDEN
Ja und Nein / Das Paradoxon	des Seins	Alles ist in mir	Wir alle sind	dem WEISEN

Wenn man die Dualität überwindet, sagt man nicht länger ja oder nein. Wenn man nicht länger einem -*ismus* hinterherläuft; wenn man sich weder mit dem Unwissenden noch mit dem Suchenden identifiziert; wenn man weder Reaktionär noch Revolutionär ist und sich nicht hinter einer Fahne oder Gruppe verstecken muss, um überzeugt zu sein, die eigenen Gedanken äußern zu dürfen; wenn man in der Lage ist, einfach zu sein und bewusst zu sein … Dann erhellt sich der Geist und der Mensch erwacht.

Weise werden

Der Weise will nicht gut sein, nicht stark, nicht fügsam, nicht rebellisch, nicht widersprüchlich, nicht kohärent … Er will einfach nur sein.

Und in diesem alleinigen Wunsch, sein zu wollen, liegt die Quintessenz der Faszination, die seine Unbefangenheit und Ungezwungenheit auf uns ausüben.

Der weise Mann, die weise Frau haben gelernt, dass sich die Schönheit des Wahrhaftigen nicht konservieren, wiederholen oder nachahmen lässt. Das Schöne ist das beständig Neue, und alles, was ausschließlich ist, was es ist, strahlt diese Schönheit spontan aus.

Der Weise ist nicht weise, weil er alt ist, sondern weil er viele Dinge gesehen, viele Erfahrungen ausgekostet und durchlebt hat.

Es ist sehr schwierig – oder besser gesagt unmöglich –, junge Weise zu finden. Wissende vielleicht, aber da man Erfahrungen erst im Laufe der Jahre machen, genießen und erleben kann, ist das Alter eine notwendige Voraussetzung für Weisheit.

Es geht nicht anders: Nur ein älterer Mensch kann weise sein.

Ein Weiser muss kein Gelehrter sein. Weisheit hat nichts mit Gelehrsamkeit gemeinsam.

Jesus war kein Intellektueller, ebenso wenig wie Buddha.

Weisheit ist vorsichtig.

Weisheit zweifelt.

Weisheit ist sich nie sicher.

Deshalb kann keine Theorie sie fassen.

Keine Theorie reicht mit ihrem starren Korsett an das Leben heran.

Der Weise lebt von Augenblick zu Augenblick. Was ihm das Leben bringt, führt ihn zu einem neuen Bewusstsein, nicht zu einer bereits vergangenen Erfahrung.

Die folgende Geschichte macht das vielleicht anschaulicher:

Du hast dein Boot an der Mole vertäut, als du siehst, wie dein Nachbar vom Fischen auf dem Fluss zurückkehrt. Er rudert mit dem Rücken zum Ufer und sieht nicht, dass sein Boot genau auf deines zuhält.

Du rufst zu ihm herüber, doch er hört dich nicht. Der Bug seines Bootes hält genau auf deinen Kahn zu. Du schreist, hämmerst gegen den Steg, klatschst in die Hände … Aber es nützt nichts …

Schließlich stößt sein Boot mit deinem zusammen und verursacht erhebliche Lack- und Materialschäden.

Du bist stinksauer, beschimpfst ihn, machst ihm Vorhaltungen, würdest ihm am liebsten eine runterhauen …

Da siehst du zur Mole herüber und stellst fest, dass die Strömung die Leinen des Bootes neben dir gelöst hat und es auf dich zutreibt.

Du versuchst mit einer Stange, den Zusammenstoß zu verhindern, doch es gelingt dir nicht.

Im Endeffekt ist der Schaden an deinem Boot diesmal genauso groß wie zuvor, nur diesmal schimpfst du nicht, du fluchst nicht und willst niemanden schlagen …

Schlussfolgerung:

Beim ersten Mal bist du wütend geworden, weil jemand in dem Boot saß. Wäre es unbemannt gewesen, hättest du dir auch diesen Wutausbruch erspart.

Wenn dich jemand beleidigt, wirst du wütend.

Auf wen?

Eine Beleidigung zieht immer weitere Beleidigungen nach sich.

Erinnere dich an alle, die dich irgendwann einmal beleidigt haben.

Du wirst noch wütender.

Auf wen?

Wozu?
Bleib still.
Sei bewusst.

Man blickt immer durch den Filter der Vergangenheit, durch seine Erfahrung, seine Erinnerung. Man setzt sich nie direkt mit dem Neuen einer Erfahrung in Verbindung.

Der Weise wird wieder zum Teil der Natur: Alle kulturelle Pervertierung, die man ihm abverlangte und die in seiner Erinnerung verankert war, ist nun verschwunden.

Das ständige Problem des Weisen ist das Wort, diese unüberwindliche Barriere zwischen seiner Erkenntnis und der Welt.

In seinem Bemühen, seine Wahrheit mitzuteilen, versucht der weise Meister oftmals, in der Sprache des Unwissenden zu sprechen. Das ist lobenswert, aber zugegebenermaßen verurteilt es den Unwissenden dazu, in seinem beschränkten Zustand zu verharren.

Verwendet der Weise hingegen seine eigene Sprache, läuft er Gefahr, von der Mehrheit nicht verstanden zu werden.

Der weise Meister bedient sich häufig der Symbolik, des Paradoxons und des Widerspruchs. Auf diese Weise macht er uns auf Dinge aufmerksam, setzt uns in Bewegung, nimmt auf indirekte Weise Einfluss auf uns.

Lao-Tse verwendete die Sprache des Weisen.

Keiner verstand ihn, aber er wurde nicht umgebracht (wie Jesus, wie Sokrates und so viele andere, die der Verärgerung der Majorität zum Opfer fielen, die nicht akzeptieren konnte, was sie sagten).

Lao-Tse starb als alter Mann, weil niemand auf ihn achtete.

Der Weise bietet keine Erkenntnis feil; man muss sie bei ihm suchen.

Der Weise ist lediglich da, er ist offen. Man kann von ihm lernen, aber er lehrt nichts.

Lao-Tse sagte:

Der Wissende spricht nicht.
Der Sprechende weiß nichts.

Ich würde sagen:

Wer viel weiß, spricht nicht, und wer viel spricht, weiß nichts.

Oder auch:

Wer weiß, spricht nicht viel, und wer spricht, weiß nicht viel.

In China heißt es, man lerne viel mehr vom Meister, indem man einfach mit ihm zusammen ist, statt seinen Worten zu lauschen. Die Lektionen der großen Philosophenschulen in Fernost bestanden aus Spaziergängen an der Seite des weisen Mannes, bei denen keiner ein Wort sagte, keiner eine Bemerkung machte, keiner »die Gelegenheit nutzte«, um Fragen zu stellen. Diese Form des Zusammenseins nennt sich Satsang.

Es gibt eine Geschichte, die mir vor vielen Jahren erzählt wurde. Angeblich handelt es sich um eine wahre Begebenheit, doch selbst wenn es nicht so gewesen sein sollte, gefällt mir der Gedanke, dass sie sich wirklich so ereignet hat.

Lao-Tse, der vielleicht größte Weise, der jemals geboren wurde, wusste eines Morgens, dass die Zeit des Abschieds gekommen war. Sein Ende war nahe, und er wollte in der Einsamkeit der Berge Tibets sterben.

An diesem Tag sprach er zum ersten Mal seit Wochen zu seinen Schülern und teilte ihnen mit, dass er fortgehen werde. Sie, die ihn liebten, baten ihn zu bleiben. Er möge ihnen gestatten, ihn bis zu seinem letzten

Tag zu umsorgen und ihnen seine erleuchtete Gegenwart nicht vorzuenthalten.

Lao-Tses lakonische Antwort lautete: »Nein.«

Bei Tagesanbruch packte er ein paar wenige Dinge und machte sich auf seine letzte Pilgerfahrt. Einige Schüler folgten ihm schweigend, Stunde um Stunde, doch als sie sahen, dass der Meister sie unmissverständlich ignorierte, begriffen sie, dass sie umkehren mussten …

Um nach China hinein- oder aus China hinauszugelangen, musste man damals wie heute die Große Chinesische Mauer passieren. Als Lao-Tse zum Nordtor kam, erkannte ihn der Wachsoldat und hielt ihn an.

»Wohin gehst du?«, fragte er.

»Meine Stunde ist gekommen«, antwortete der Weise. »Und ich will meinen Körper in den Bergen zur letzten Ruhe betten.«

»Ich hoffe, du hast dein ganzes Wissen festgehalten und Regeln zur Unterweisung aller niedergeschrieben«, sagte der Wachsoldat. »Denn viele haben wie ich von dir gehört, doch war es uns nicht vergönnt, von dir zu lernen.«

»Das geschriebene Wort«, sagte der Alte, »wird niemandem dabei helfen, die Wahrheit zu erkennen.«

Der Soldat war erstaunt über diese Antwort. Die Macht ausnutzend, die ihm sein Posten verlieh, teilte er ihm mit, dass er ihn nicht passieren lassen werde, bis er seine Weisheit in einem Buch niedergeschrieben habe.

»Ohne dieses Buch werde ich dich nicht aus China ausreisen lassen«, beteuerte er.

Lao-Tse weigerte sich ein paar Stunden, erkannte aber schließlich, dass der Mann nicht von seiner Meinung abzubringen war.

Die Geschichte besagt, dass Lao-Tse in einer einzigen Nacht das Tao Te King niederschrieb. Das berühmte Tao.

Das Tao Te King beginnt mit einem Satz, den man folgendermaßen übersetzen könnte:

Was wir vom Tao sagen können, sind immer nur Worte; mit welchen Begriffen wir es auch zu beschreiben versuchen, all das bleibt letztlich Äußerlichkeit.

Bibliographie

Aristoteles: Metaphysik. Übers./Hrsg. Franz F. Schwarz. Reclam 2013.

Barylko, Jaime: Qué significa pensar. Ed. Aguilar 2001.

Ders.: La filosofía. Planeta 1997.

Ders.: Educar en valores. Ameghino 1999.

Bhagavad Gita. dtv 2013.

Capra, Fritjof: Das Tao der Physik. Barth 2013.

Cavallé, Mónica: La sabiduria recobrada. Ed. Kairos 2013.

Dostojewski, Fjodor M.: Verbrechen und Strafe. Übers. Swetlana Geier. Fischer Taschenbuch 1996.

Einstein, Albert: Mein Weltbild. Ullstein 1997.

Emerson, Ralph Waldo: Seid fröhlich und weise. Eine Auswahl aus seinen Essays. Nabu 2012.

Ferguson, Marilyn: Die sanfte Verschwörung. Knaur 1989.

Foucault, Michel: Überwachen und Strafen. Übers.Walter Seitter. Suhrkamp 1995.

Frankl, Viktor: Der Mensch auf der Suche nach Sinn. Herder 1973.

Freud, Sigmund: Das Unbehagen in der Kultur. Fischer Taschenbuch 2009.

Ders.: Totem und Tabu. Fischer Taschenbuch 2012.

Ders.: Der Mann Moses und die monotheistische Religion. Reclam 2010.

Fromm, Erich: Die Furcht vor der Freiheit. dtv 1993.

Ders.: Haben oder Sein. Die seelischen Grundlagen einer neuen Gesellschaft. dtv 2005.

Grof, Stanislav: Alte Weisheit und modernes Denken: Spirituelle Traditionen in Ost und West im Dialog mit der neuen Wissenschaft. Kösel 1986.

Hesse, Hermann: Demian. Suhrkamp 2012.

Homer: Odyssee. Übers. Johann Heinrich Voß. Anaconda 2010.

Huxley, Aldous: Die ewige Philosophie. Philosophia perennis. Übers. H. R. Conrad. Nietsch 2008.

Kierkegaard, Sören: Über meine Wirksamkeit als Schriftsteller. Übers. A. Dorner / C. Schrempf. In: Gesammelte Werke, Bd. 10. Diederichs 1922.

Krishnamurti, Jiddu: Vollkommene Freiheit. Das große Krishnamurti-Buch. Übers. A. R. Frank-Strauß. Fischer Taschenbuchverlag 2001.

Kybalion – Die sieben hermetischen Gesetze. Aurinia 2007.

Lao-Tse: Tao Te King. Übers. R. Wilhelm. Anaconda 2010.

Marc Aurel: Selbstbetrachtungen. Übers. O. Kiefer. Insel 2003.

Nietzsche, Friedrich: Also sprach Zarathustra. Nikol 2011.

Ders.: Jenseits von Gut und Böse. Zur Genealogie der Moral. Anaconda 2006.

Orwell, George: Farm der Tiere. Übers. M. Walter. Diogenes 2011.

Osho: Tao. Das Herz der Freiheit. Übers. P. Nirvano. Innenwelt 2007.

Ders.: Leben, Lieben, Lachen. Osho Verlag 1999.

Platon: Sämtliche Werke. Übers. F. Schleiermacher. Rowohlt 2004.

Shakespeare, William: Macbeth. In: Gesammelte Werke. Anaconda 2013.
Skinner, B. F.: »Walden Two«. Die Vision einer angstfreien Gesellschaft. Übers. M. Beheim-Schwarzbach. Rowohlt 1978.
Thoreau, Henry: Walden oder Leben in den Wäldern. Übers. W. E. Richartz. Diogenes 2012.
Die **Upanishaden.** Übers. P. Kobbe. Goldmann 2008.
Watts, Alan: Mythos und Ritus des Christentums. Anatomie einer Verblendung. Übers. U. v. Mangoldt. Heyne 1993.
Weil, Simone: »La personne et le sacré«. In: Wimmer, Reiner: Simone Weil, Person und Werk. Herder 2009.
Zhuangzi. Krüger 1998.

Matsuo Bashō
Hundertundelf Haiku
Gedichte
Ausgewählt, übersetzt und mit einem Begleitwort
versehen von Ralph-Rainer Wuthenow
144 Seiten. Gebunden

»Am Rande des Wegs
wurde die Malve
vom Pferd einfach gefressen.«

Bashō, dessen Dichtername sich von der Bananenstaude über seiner Hütte herleitet, hat mit seinem Werk das Haiku zu einer Kunstform gemacht. Die Plötzlichkeit, mit der im Haiku ein Bild entsteht, ist heute zum universellen poetischen Ideal geworden.

Ralph-Rainer Wuthenows Übersetzungen gehören zu den gelungensten deutschen Übertragungen. Kunstvoll gelang es ihm, die Präzision der Einfachheit und die Vielfalt der Natureindrücke wieder zu erschaffen. Das Haiku scheint mit nur wenigen Tuschestrichen skizziert, doch immer offenbart es eine Welt.

Mit Zeichnungen von Leiko Ikemura.

Jorge Bucay

Das Notizbuch zum Weltbestseller
»Komm, ich erzähl dir eine Geschichte«

Mit Aphorismen aus dem Werk von Jorge Bucay

Ein edles Notizbuch für anspruchsvolle Denker, geschmackvoll gestaltet, handlich, hochwertig ausgestattet. Zehn ausgewählte Weisheiten aus dem Gesamtwerk des argentinischen Psychotherapeuten und Weltbestsellerautors Jorge Bucay, die zum Nachdenken und zum Schreiben einladen, rahmen reichlich Platz für eigene Gedanken.
Elegant abgerundete Ecken, kleines Format, hochwertiges Papier und geschmackvoll minimalistische Gestaltung machen dieses Notizbuch zum besonderen Hingucker.

Übersetzt von Lisa Grüneisen
und Stephanie von Harrach
128 Seiten, gebunden